CATALUÑA

CATALUÑA

Poesies
Joan Maragall
Poesías

Fotografíes
Juan Antonio Fernández
Fotografías

Pròlog
Pere Gimferrer
Prólogo

INCAFO

Editor: **Luis Blas Aritio**
Director Editorial: **Margarita Méndez de Vigo**
Coordinación: **Teresa Avellanosa**
Producción: **Teresa Ferrán y J. Víctor Díaz**
Diseño: **Alberto Caffaratto**

Edita ✓ **Incafo, S. A.** Castelló, 59. 28001 Madrid
Fotocomposición: **Raíz, S. L.** Madrid
Fotomecánica: **Cromoarte, S. A.** Barcelona
Impresión: **Industrias Gráficas Alvi**
Manuel Luna, 13. Madrid
Encuadernación: **Alfonso y Miguel Ramos.** Madrid
I.S.B.N.: 84-85389-42-5
Depósito Legal: M-32.591-1985

Las traducciones de las poesías al castellano de Joan Maragall han sido tomadas
de la obra en dos volúmenes de la Editorial Castalia, titulada "Obra poética versión bilingüe" de Joan Maragall
y que aparece en la colección Clásicos Castalia con los números 126 y 127.

Contingut   Contenido

Pere Gimferrer
Joan Maragall y CATALUÑA

Si alguna cosa pot sorprendre avui, en l'obra de Joan Maragall, és l'aparença d'extrema fragilitat i alhora de ple poder expressiu que hi té la parla. La "paraula viva", emblematitzada per Maragall en els mots, solitaris i siderals, d'una noia que pastoreja ramats a l'alta muntanya davánt el col nocturn —"Lis esteles..."— ens pot semblar, al primer cop d'ull, més llisquent i alhora més forta d'embranzida en la sòlida dicció pairal de Verdaguer, al doll mateix de la zona primigènia en la qual els vocables, transparents com nítides màscares totèmiques de la nissaga, tenen l'aspecte de no oposar cap mena de resistència al pur impuls i pes òntic de les coses. Però, si ens hi fixem bé, és precisament aquesta franja frontenera també el guany principal de Maragall. No li és dat pas per pura expansió, gairebé respiratòria, com al poeta de L'Atlàntida; li esdevé, tanmateix, una mena de prolongació natural de la parla diària. No la traeix, no la falca, no l'emmascara, no l'exalça; n'és, més aviat, el pur solatge essencial. Diverses generacions de barcelonins han reconegut, en aquest llenguatge, la pròpia manera de parlar; i, certament, una part considerable de l'eficàcia poètica de Maragall ve del fet que opera un tall transversal a l'expressió quotidiana i en revela així un subsòl obert en imprevistes clarianes de llum, talment aquells corriols perdedors al bosc —"Holzwege"— en els quals el verb de Heidegger s'esgarria, fecund, cap al nucli de la coneixença.

El mot poètic és doncs, en Maragall un itinerari gairebé iniciàtic, un ver pelegrinatge cap al retrobament amb l'ésser. Tan absolut como vulgueu, però concret del tot. Maragall viu en una ciutat industrial, alhora creativa i bròfega, en la qual neixen factories de maons vermellosos amb xemeneies ensutjades i brunzir d'atuells, i floracions insòlites d'arquitectura de Gaudí i de Domènech i Montaner; Maragall parla una llengua imprecisa, precària, sempre en tempteig, en un terreny malsegur. Precisament perquè viu en una ciutat industrial, Maragall postula la claredat marina o muntanyenca de la Natura; precisament perquè parla la llengua incerta dels barcelonins, Maragall poua besllums de parla autèntica de la pagesia amb la mateixa avidesa d'essencialitat amb què combrega amb el paisatge .

D'aquesta manera, l'aproximació de Maragall al país nadiu, rigorosament empírica, no descriu la pàtria sinó com "la conscièmcia col.lectiva del grup

Si algo puede sorprendernos hoy en la obra de Joan Maragall es la apariencia de extrema fidelidad y al propio tiempo de pleno poderío expresivo que en ella reviste el lenguaje. La "palabra viva", emblematizada por Maragall en la exclamación solitaria y sideral de una pastora ante la noche de las cumbres "Lis esteles..." nos puede parecer, a primera vista, más fluida y a la vez más pujante en la sólida dicción atávica y rural de Verdaguer, en la fuente misma de la zona primigenia en la que los vocablos, transparentes como nítidas máscaras totémicas de la estirpe, se diría que no oponen resistencia alguna al puro impulso y peso óntico de las cosas. Pero, si reparamos bien en ello, es precisamente esta franja fronteriza también el logro mayor de Maragall. No le viene dado por pura expansión, casi respiratoria, como al poeta de La Atlàntida: sin embargo, llega a convertirse en una especie de prolongación natural de su habla diaria. No la traiciona, no la frena, no la enmascara no la ensalza; más bien es su puro poso esencial. Varias generaciones de barceloneses han reconocido en este lenguaje su propio modo de hablar; y, ciertamente, una parte considerable de la eficacia poética de Maragall procede del hecho de que lleva a cabo un corte transversal en la expresión cotidiana y revela así en ella una región subterránea, abierta en imprevistos claros de luz, como aquellos senderos confusos en el bosque "Holzwege" en los que el verbo de Heidegger se descarría, fecundamente, hacia el núcleo del conocimiento.

La palabra poética es, pues, en Maragall un itinerario casi iniciático, una verdadera peregrinación al encuentro del ser. Tan absoluta como se quiera, pero irreductiblemente concreta. Maragall vive en una ciudad industrial, a un tiempo creativa y turbulenta, en la que nacen factorías de ladrillo rojizo con chimeneas cubiertas de hollín y zumbido de cachivaches, y floraciones insólitas de arquitectura de Gaudí y de Doménech i Montaner; Maragall habla una lengua imprecisa, precaria, siempre en tanteo, en un terreno inseguro. Precisamente porque vive en una ciudad industrial, Maragall postula la claridad marina o montañesa de la naturaleza; precisamente porque habla en la lengua incierta de los barceloneses, Maragall va en pos de vislumbres de habla auténtica del mundo rural con la misma avidez de esencialidad que le lleva a comulgar con el paisaje.

d'homes que assenteixen a din-se: Aquesta és la pàtria nostra". Una forma de reconèixer, doncs, la pròpia identitat en el llenguatge. Als carrers arravatats de Barcelona, a la claror d'escata i de conquilles de la Mediterrània, o bé al serrat esquerp i soliu, Maragall hi cerca una pàtria que té la cara de la regió més pregona del seu ésser mateix.

En el vers de Maragall veiem, en la cara de Catalunya, la nostra cara; i no pas l'exterior, en cap dels dos casos, no pas la més visible de fora estant, sinó la que tan sols l'instant poètic revela, en obrir un espai privilegiat de coneixença. No és només per raons d'emotivitat terral, ni tan sols per pruïja de precisió paisatgística, que Maragall diu al lector:

"Trobaràs un indret verd i profond
com mai cap més n'hagis trobat al món:
un verd com d'aigua endins, profond i clar;
el verd de la fageda d'En Jordà".

Certament, qualsevol persona que vagi als encontorns d'Olot i s'apropi a aquesta capella silenciosa i solemne de faigs que embaumen l'aire amb una claror verda, tot combonent el verd amb la substància mateixa de la llum, tindrà la sensació de viure una experiència única, fora del temps. Però, en el poema de Maragall, el verd de la fageda d'En Jordà és únic encara en un altre sentit: és, no pas el verd físic tangible, sinó l'**absolut de verd** suscitat per la paraula lírica, **el mite de verd** específic que només pren existència en els **mots maragallians**. No pas el verd de la fageda d'En Jordà, sinó el verd del poema de Joan Maragall *La fageda d'En Jordà*.

D'aquesta manera, una transmutació total, que ateny una intensitat expressiva i una fe en el poder cognoscitiu del verb dignes d'un Hölderlin, es produeix a recer d'una llengua a vegades maldestra, que explora, en la pròpia incertesa semàntica, la incertesa de la coneixença de l'absolut verbal i conceptual. Un altre dels poemes més justament celebrats de Maragall, *Les muntanyes*, expressa aquest capteniment amb una convicció molt significativa. En línies generals, el poema es pot dividir en dues parts ben diferenciades: la primera —que tindrà un *ritornello*, una tornada, indicadora de la continuïtat del cicle còsmic, en acabat el poema pròpiament dit— d'expresa en versos hexasíllabs, apariats a la manera dels rodolins, amb l'afegitó d'un vers sense rima i un altre amb rima assonant que enllaça cada grup de quatre versos en una anella comuna.

En una ampliació progressiva del camp de visió, partint d'un instant concret:

"A l'hora que el sol se pon,
bevent al raig de la font,
he assaborit els secrets
de la terra misteriosa".

El poeta ateny de sobte el centre de la percepció, la fusió del jo amb l'entorn:

Así, la proximación de Maragall al país natal, rigurosamente empírica, no describe la patria sino como "la conciencia colectiva del grupo de hombres que asienten en decirse: Esta es nuestra patria". Una forma, en suma, de reconocer la propia identidad en el lenguaje. En las calles revueltas de Barcelona, en la claridad de escamas y conchas del Mediterráneo o en la serranía adusta y solitaria, Maragall busca una patria cuyo rostro es el de la región más profunda del propio ser del poeta.

En el verso de Maragall vemos, en el rostro de Cataluña, nuestro propio rostro; y no el rostro exterior, ni en un caso ni en el otro, no el rostro más visible desde fuera, sino el que revela tan sólo el instante poético, al abrir un espacio privilegiado de conocimiento. No se debe únicamente a razones de emotividad vinculada a la tierra, ni aún a un prurito de precisión paisajística, el hecho de que Maragall diga al lector:

"Hallarás un lugar verde y profundo,
como nunca jamás lo haya en el mundo:
un verde de agua adentro, profundo y quedo,
es el verde que Jordà tiene en su hayedo".

Sin duda, cualquier persona que vaya a las cercanías de Olot y se acerque a esa capilla silenciosa y solemne de hayas que embalsaman el aire con una claridad verde, confundiendo el verde con la sustancia misma de la luz, tendrá la sensación de que vive una experiencia única, fuera del tiempo. Pero, en el poema de Maragall, el verde del hayedo de Jordà es además único en otro sentido: es, no el verde físico tangible, sino el absoluto de verde suscitado por la palabra lírica, el mito de verde específico que no adquiere existencia sino en las palabras maragallianas. No el verde del hayedo de Jordà, sino el verde del poema de Joan Maragall *El hayedo de Jordà*.

Así, una trasmutación total, que alcanza una intensidad expresiva y una fe en el poder cognoscitivo del verbo dignos de un Hölderlin, se produce al socaire de una lengua a veces inhábil, que explora, en la propia incertidumbre semántica, la incertidumbre del conocimiento de lo absoluto verbal y conceptual. Otro de los poemas más justamente celebrados de Maragall, *Las montañas*, expresa tal actitud con una convicción muy significativa. En líneas generales, el poema que puede dividirse en dos partes claramente diferenciadas: la primera —que conocerá un *ritornello*, indicador de la continuidad del ciclo cósmico, una vez terminado el poema propiamente dicho— se expresa en versos heptasílabos, pareados, con el añadido de un verso suelto, sin rima, y otro con rima asonante que enlaza cada grupo de cuatro versos en una anilla común.

En una ampliación progresiva del campo de visión, que parte de un instante concreto:

*"Tot semblava un món en flor
i l'ànima n'era jo".*

Irradiant, com en cercles concèntrics, els apariats esdevenen llavors decasil.làbics, que alhora expandeixen i particularitzen aquesta percepció global. Un vers solitari, isolat, ba de frontissa:

"Jo era l'altitud de la carena..."

S'introdueix, aleshores, en aquesta segoná meitat, l'esquema de rimes creuades, que tronca el patró dels versos apariats. Al llarg de tres estrofes d'aquesta mena, el poeta parla en primera persona, i, si ens hi fixem bé, per extremat que això pugui semblar, aquesta primera persona que parla no és, precisament, sinó "l'altitud de la carena". La gosadia visionària esdevé explícita a la darrera estrofa de rimes creuades:

*"Però jo, tota plena de l'anhel
agitador del mar i les muntanyes,
fortament m'adreçava per dû al cel
tot lo de mos costats i mes entranyes".*

Aquest "tota plena" —com va remarcar Gabriel Ferrater en un estudi admirable— indica que calia rebre tots els versos anteriors com a metal de llei, en la seva abismàtica literalitat. Certament, "tota plena" es refereix potser a "carena" i sens dubte a "altitud", però, també a "ànima". No és pas que el poeta merament es compari amb l'altitud de la carena o bé amb l'ànima del món, sinó que, en l'instant del poema, en l'espai perceptiu propi del poema, el poeta *es* l'altitud de la carena i l'ànima del món que contempla. Per això, precisament, podrà dir: "Aquesta és la pàtria nostra". No es tracta d'una postulació, sinó d'ûn assentiment, una descoberta del rerafons profund del jo.

En els junts de la paraula, Maragall albira l'essencial: un país que és com nosaltres, un país que som nosaltres, el territori del poema i del sagrat, que té el nom de Catalunya i el del mar blavós i etern i el de les muntanyes de prades immemorials, on la deu de l'aigua miralleja en l'espai de la més alta revelació, amb aquella claror que, al diccionari Fabra, il.lustra l'exemple explicatiu del *verb* "mirallejar" amb uns mots que sens dubte, i merescudament, Maragall habria apreciat com a mostra de "paraula viva" i de poesia auténtica:
La neu de la congesta miralleja.

Pere Gi-Ferrer

*"A la hora del sol poniente,
bebiendo al chorro de la fuente,
saboreé los secretos
de la tierra misteriosa".*

El poeta alcanza súbitamente el centro de la percepción, la fusión del yo con el entorno:

*"Un mundo en flor parecía
y su alma era la mía".*

Irradiando, como en círculos concéntricos, los pareados se convierten entonces en decasilábicos, que a un tiempo expanden y particularizan esta percepción global. Un verso solitario, aislado, sirve de gozne:

"Yo era la altitud de la cimera...".

Se introduce en este punto, ya en la segunda mitad del poema, el esquema de rimas del serventesio, que rompe el patrón de los pareados. A lo largo de tres serventesios, el poeta habla en primera persona, y, si ponemos atención, por audaz que tal cosa pueda parecer, esta primera persona que habla no es, precisamente, sino "la altitud de la cimera". La audacia visionaria se hace explícita en la última estrofa rimada en serventesio:

*"Pero yo, llena toda del anhelo
agitador del mar y las montañas,
me alzaba fuertemente, dando al cielo
cuanto había en mi flanco y mis entrañas".*

Este "llena toda" —como observó Gabriel Ferrater en un estudio admirable— indica que debíamos aceptar todos los versos anteriores como metal de ley, en su abismática literalidad. Cierto que "llena toda" se refiere acaso a "cimera" y sin duda a "altitud" pero también a "alma". No es que el poeta meramente se compare con la altitud de la cimera o con el alma del mundo, sino que, en el instante del poema, en el espacio perceptivo propio del poema, el poeta *es* la altitud de la cimera y el alma del mundo que contempla. Por eso, precisamente, podrá decir: "Esta es nuestra patria". No se trata de una postulación, sino de un asentimiento, un descubrir el trasfondo último del yo.

En las junturas o intersticios de la palabra, Maragall vislumbra lo esencial: un país que es como nosotros, un país que somos nosotros, el territorio del poema y de lo sagrado, que tiene por nombre Cataluña y el mar azulado y eterno y las montañas de praderías inmemoriales, donde el manantial espejea en el espacio de la más alta revelación, con aquella claridad que, en el diccionario catalán de Pompeu Fabra, ilustra el ejemplo explicativo del verbo "espejear" con palabras en las que, sin duda, y merecidamente, Maragall habría apreciado una muestra de "palabra viva" y de poesía auténtica:
Espejea la nieve del ventisquero.

SOLEIADA

En una casa de pagès hi havia
una donzella que tenia
els disset anys d'amor; i era tan bella,
que la gent d'aquell vol
deien: "És una noia com un sol."
Ella prou la sabia
la parentela que amb el sol tenia:
que cada matinada
per la finestra, a sol ixent badada,
l'astre de foc i ambre
li entrava de ple a ple dintre la cambra,
i ella nua, amb delícia,
s'abandonava a la fulgent carícia.
De tant donar-se a aquestes dolces manyes
var ficar-se-li el sol a les entranyes,
i ben prompte sentia
una ardència dins d'ella que es movia.
"Adéu, la casa meva i els que hi són:
jo prenyada de llum me'n vaig pel món."
De tots abandonada,
va començar a rodar per l'encontrada.
Estava alegre com l'aucell que vola,
cantava tota sola,
cantava: "Só l'albada
que duc el sol a dins i en só rosada.
Els cabells me rossegen,
els ulls me guspiregen,
els llavis me rubiegen,
en les galtes i el front tinc el color
i al pit la gran cremor:
tota jo só claror contra claror."
La gent que la sentia
s'aturava admirada i la seguia:
la seguia pel pla i per la muntanya
per sentir-li cantar la cançó estranya
que l'anava embellint de mica en mica.
Quan ella va sentir-se prou bonica,
va dir: "M'ha arribat l'hora."
Va parar de cantar, i allà a la vora
entrava a una barraca que hi havia.
La gent que a l'entorn era
sols veia una resplendor i sols sentia
el gemec poderós de la partera.
De sobte, les clivelles
del tancat van lluir igual que estrelles.
De seguit s'aixecá gran foguerada,
tota la gent fugia esparverada,
i en la gran soletat només restava
un nin igual que el sol, que caminava
i deia tot pujant amunt la serra:
"Jo vinc per acostà el cel a la terra..."

SOLEADA

En una casa de payés había
una muchacha que tenía
diecisiete años de amor; y era tan bella
que la gente de la cercanía,
"Es una chica como un sol", decía.
Bien lo sabía ella
el parentesco que con el sol tenía,
pues cada madrugada
por la ventana, a sol saliente abierta,
al astro de oro y ámbar daba entrada
a su habitación desierta.
Y ella, desnuda, con delicia,
se entregaba a la fulgente caricia.
De tanto abandonarse a estas dulces mañas
el sol se le metió en las entrañas
y bien pronto sentía
una ardencia que dentro de ella se movía.
"Adiós los míos, y casa donde estoy:
preñada de luz por el mundo me voy."
Abandonada de todos, a los pocos días,
empezó a rodar por las cercanías.
Estaba alegre, cual pájaro en su vuelo,
cantaba con anhelo,
cantaba: "Soy la alborada,
que llevo el sol adentro, y soy rosada.
Son rubios mis cabellos,
mis ojos lanzan destellos
y son rubís mis labios bellos,
y en las mejillas y en la frente llevo su color
y en el pecho su gran ardor.
Y toda yo, seguro,
soy claro-oscuro."
La gente que la veía
se detenía admirada y la seguía:
la seguía por el monte y la llanura
para oírle cantar la canción oscura
que, poco a poco, la iba embelleciendo.
Cuando ya bastante bella se vio viendo,
se detuvo y se dijo: "Mi hora ha llegado."
Paró de cantar y, justo al lado,
entró en una barraca que allí había.
La gente fisgonera,
sólo vio el resplandor, y sólo oía
el potente gemir de la partera.
De pronto las rendijas, todas ellas,
relucieron al igual que estrellas.
En seguida se alzó gran llamarada
y toda la gente escapó aterrada,
y en la gran soledad, sólo quedaba
un niño igual al sol, que caminaba
y decía, subiendo por la sierra:
"Vengo para acercar el cielo a la tierra."

41

MONTSERRAT

Veus aquí que primer tot era mar,
tot era ple de mar; tan blau!... prô un dia
va començâ a sortir-ne una muntanya...
De tan hermosa que era resplendia...
Una muntanya tota esqueixalada
com cosa primerenca i malfinida.
Les boires de seguida que la veuen
s'hi tiren a damunt amorosides;
de boixos els penyals s'emborrissolen
i a dintre els boixos els aucells refilen.

Al voltant tot el mar s'enretirava
deixant en sec divinitats marines
que van en professó vers la muntanya
duent-hi llurs tresors per enriquir-la.
Tots els déus de la Grècia quan ho saben
hi fan sovint aparicions olímpiques.
Hi van les Gràcies cadençant la dansa
i ajogassats els sàtirs i les nimfes.

  Mes ai!..., un jorn
  de qui sap a on
  l'ombra d'una creu
  ensombreja el mont:
  tot l'Olimp arreu
  fuig cridant i es fon.

  En el mont obscur
  un penyal tot sol
  brilla com un sol;
  Pastoret que el veu
  toca el flabiol.

  De pastô a pastor
  ja tot s'ho han dit,
  després els pagesos:
  Brolla tot seguit
  negra professó
  amb ciris encesos.
  Al penyal joliu
  se'n van amb pas greu
  i el penyal els diu:
  "Sóc la Mare de Déu".

Cantant i salmejant
volen dur-la a més altura,
mes quan són a mig pujar
la Mare de Déu s'atura.
Allí on ella s'ha aturat
hi neix el monestir de Montserrat.

MONTSERRAT

He aquí que, primero, todo era mar:
todo estaba lleno de mar, ¡tan azul!... pero, un día
empezó a surgir una montaña...
De tan hermosa como era, toda resplandecía...
Una montaña toda mordisqueada,
como algo primitivo y sin terminar.
Las nieblas, en cuanto la miran,
se le echan encima enamoradas:
los bojes se encaraman por los peñascos,
y dentro de los bojes, los pajarillos trinan.

Alrededor, todo el mar se retiraba,
dejando en seco las divinidades marinas
que iban en procesión a la montaña
llevándole, para enriquecerla, sus tesoros.
Los dioses de Grecia, al saberlo,
hacen a menudo olímpicas apariciones.
Las Gracias van, con cadencia de danza
y, juguetones, los sátiros y ninfas.

  Mas ¡ay! un día
  quién sabe de dónde
  la sombra de una cruz
  ensombrece el monte;
  todo el Olimpo huye
  gritando, y se funde

  En el monte oscuro
  una peña tan solo
  brilla como un sol.
  Luego un pastorcillo
  y suena el caramillo.

  De pastor a pastor
  todo se lo han dicho,
  luego a los payeses;
  surge en seguida
  negra procesión
  de encendidos cirios.
  Del peñón felices
  caminan en pos
  y el peñón les dice:
  "Soy la Madre de Dios."

Cantando y salmeando, quieren
a más altura llevarlo
pero cuando más quieren alzarlo
la Madre de Dios se detiene.
Y allí donde dispuso que se quedase
el Monasterio de Montserrat, nace.

Després d'un tal miracle
ha vist Montserrat molts sigles,
ha vist fugî an els moros,
i el cavaller Sant Jordi
lluitâ en la catalana companyia:
ha vist reis amb corona,
ha vist bisbes amb mitra
anâ als peus de la Verge
per fer-li acatament i cortesia;
ha vist pregâ an els pobles,
ha vist grans romeries.
I la Mare de Déu salvant els nàufregs
en mig del mar en ira.
Ha vist les quatre barres
molt amunt, molt amunt alçar-se ardides,
i després per renyines de monarques
enfonsar-se entre incendis, fum i cataclismes
i ha sentit les cançon de l'enyorança
pels aires esbaldir-se.

Veieu els raigs primers de nova albada
com enrosen els cims del Montserrat?
Ben cert que l'era nova és arribada,
la Verge reapareix amb majestat.
No veieu a l'hermosa llum incerta
quelcom vermellejant?
És un camp de roselles que es desperta
o un mar de barretines avançant?
Són elles, són les roges barretines
que pugen pels abims.
Les barres catalanes, reneixen purpurines,
i quan el sol esclata,
els cants de la victòria ressonen dalt dels cims.

Passarà el temps i els sigles a corrues,
la fi del món ja s'anirà acostant;
sortiran les estrelles de set cues
i el cel se vestirà de dol i sang;
i després sortiran bèsties estranyes,
se sentiran sorolls desconeguts
i trompetes pel cel i les muntanyes
entonant les confuses multituds.
Al sê al capvespre cantaran la "Salve"
els monjos i escolans de Montserrat,
vacil·larà la terra con mig balba
i tot de sobte esclatarà esberlat.
Mes la muntanya santa, silenciosa,
s'enfonsarà en el mar un altre cop,
i nostre Moreneta gloriosa
com un sol se'n nirà al cel
amb tots els catalans que tinga prop.

Después de un milagro tal
Montserrat ha visto muchos siglos.
Ha visto huir a los moros
y al caballero San Jorge
luchar en catalana compañía:
ha visto a reyes con corona,
ha visto a obispos con mitra,
ir a los pies de la Virgen
a rendirle pleitesía;
ha visto orar a los pueblos
ha visto grandes romerías.
Y a la Virgen salvando náufragos,
venciendo del mar la ira.
Ha visto las cuatro barras
muy altas levantarse atrevidas
y después, por riñas de monarcas,
hundirse entre incendios, humo y cataclismos
y ha oído la canción de la añoranza
esparcirse por el aire.

¿Veis los rayos de la primera alborada
cómo ponen rosadas las cimas de Montserrat?
Seguro que la era nueva ya ha llegado,
la Virgen reaparece con majestad.
¿No veis en la hermosa luz incierta
algo bermejeando?
¿Es un campo de amapolas que despierta
o un mar de barretinas avanzando?
¡Son ellas! son las rojas barretinas
que suben de los abismos.
Las barras catalanas, nacen purpurinas
y cuando el sol estalla
un canto de victoria resuena por las cimas.

Pasará el tiempo y los siglos a porfía,
el fin del mundo ya se irá acercando,
saldrán las estrellas de las siete colas
y el cielo se vestirá de luto y sangre:
y después saldrán bestias extrañas,
ruidos se oirán desconocidos
y trompetas por el cielo y las montañas
entonando a las confusas multitudes.
Cuando anochezca cantarán la "Salve"
los monjes y escolanes de Montserrat.
La tierra, aterida, veremos que vacila,
y de pronto, cuarteada, estallará.
Pero la montaña silenciosa
se hundirá en el mar de nuevo
y nuestra Moreneta gloriosa
como un sol , subirá al cielo
con todos los catalanes que tenga a su ruedo.

JOAN GARÍ

I

A la muntanya miracle,
una llegenda ha florit:
la llegenda del diable
i de Fra Joan Garí.
Fra Joan fa penitència
enfilat a dalt d'un cim.
Li duien una donzella
que tenia els mals esprits.

Montserrat, muntanya santa,
la muntanya de cent cims.

II

Fra Joan dintre la cova
estava fent oració:
Riquilda se li presenta
vestida de temptació.
Fra Joan clou les parpelles,
mes la veu contraclaror.

Montserrat és ple de boira:
Riquilda és un raig de sol.

III

Després del pecat tan gran
ell resta bocaterrosa.
Riquilda és timbes avall,
Montserrat és net de boira.
Fra Garí veu els abims
i les cames li tremolen.
Si prova de redreça's
cau de mans una altra volta.
Joan Garí ja no és un sant,
Joan Garí ja no és un home,
que és una fera dels camps
que per Montserrat pastora.

IV

Al cap d'anys de terrejar
sent una veu d'innocència:
"Aixeca't, Joan Garí,
la teva sort és complerta:
ja pots alçà els ulls al cel,
que ja els tens prou plens de terra".
Joan Garí s'alça de mans
com un ós quan se redreça.

JUAN GARÍ

I

En la montaña milagro
la leyenda ha florecido:
la leyenda del diablo
y de Fray Garí el retiro.
Fray Juan hace penitencia
en alto cerro subido,
le llevan una doncella
que el diablo ha poseído.

Montserrat, montaña santa,
la montaña de cien picos.

II

Fray Juan, dentro de su cueva,
estaba haciendo oración;
Riquilda se le presenta
vestida de tentación.
Por más que cierre los ojos
tiene al trasluz su visión.

Está Montserrat con niebla,
Riquilda es rayo de sol.

III

Cometido el gran pecado
Fray Garí queda de bruces.
Riquilda se ha despeñado.
Montserrat, limpio de niebla.
Fray Garí ve los abismos,
las rodillas le han temblado.
Si prueba de levantarse,
otra vez cae de manos.
Juan Garí ya no es un hombre,
Juan Garí ya no es un santo,
por Montserrat pastorea
como una fiera del campo.

IV

Tras años de rastrear
oye una voz de inocencia:
"Levántate Juan Garí
cumplida está ya tu suerte;
alza tus ojos al cielo,
ya tienen bastante tierra."
Juan Garí se alza de manos,
como un oso se endereza.

A LA MARE DE DÉU DE MONTSERRAT

Ben d'a la vora—volia veure-us,
oh Verge negra—del blanc vestit!
Dalt de l'estrado—avui pujava
i us he guaitat de fit a fit
la dolça cara,—que m'ha deixat—tot enternit.

Més lluny us miro—quan a la tarda
canten els monjos—i els escolans,
i eixint del temple—m'hi giro encara,
i encara us miro—més lluny que abans.
A vostra casa—m'aficiono
i us hi entro a veure—sempre que hi passo,
com els aimants.

Surto de cara— a les vostres penyes
i en cada una—veig un ensaig
de vostre imatge... Sou graciosa,—penya entre penyes:
reina us en faig.
Cerco entre elles—els camins vostres—i me n'hi vaig.

Els camins vostres—són plens de boira:
per los esquinços—guaita el cel blau...
Només hi trobo—boixos i mates
que humils floreixen—dintre la pau,
i aquelles volves,—que en diuen *àngels*,
i que s'hi assemblen—per lo silenci—del vol suau.

Com me corprenen—els cingles vostres!
Com m'esvaeixen—vostres abims!
Les aus que hi volen—són aux xiquetes,
les fonts que hi neixen—són regalims,
entre la boira—són cims de glória—els vostres cims.

Tot jo m'encanto—no sé el que em passa:
les vostres penyes—m'han encisat.
Potsè us mirava—massa a la vora
Mare de Déu de Montserrat.

A LA VIRGEN DE MONTSERRAT

Desde muy cerca—quería veros,
¡oh Virgen negra—del vestido blanco!
A vuestro estrado—me he subido
para miraros—con mirar franco
la dulce cara—que me ha dejado—enternecido.

Desde más lejos—cuando a la tarde
los monaguillos—y monjes cantan,
salgo del templo—vuelvo a miraros,
sigo mirando—más lejos que antes.
A vuestra casa—me aficiono
y entro a veros—siempre que paso
como un amante.

Salgo de cara—a vuestras peñas
y en cada una—veo un ensayo
de vuestra imagen... Sois graciosa—peña entre peñas:
su reino os doy.
Busco entre ellas—vuestros caminos—y a ellas voy.

Vuestros caminos—están llenos de niebla:
por sus girones—veo el cielo azul mirar...
Encuentro en ellos—matas y bojes
que humildes florecen—dentro la paz
y aquellos copos—que llaman *ángeles*
y lo parecen—por el silencio—de su volar.

A mí me encantan—vuestros abismos
y mucho temo—que me deslumbren.
Son muy pequeños—sus pajaritos,
las fuentes nacen—como chorritos
entre la niebla—cumbres de gloria—son vuestras cumbres

Todo me encanta—no sé qué pasa
que vuestras peñas—no tienen par.
Cerca en exceso—tal vez miraba,
oh Virgen Santa de Montserrat.

45

DE LES MUNTANYES

NOTA D'ÀLBUM

Torno dela dolçor de les muntanyes
i de veure el mar blau de dalt dels cims:
tot era ple de llum i d'alegria;
pels plans brillaven tremolant els rius.
Tot era prop i lluny, i tot tenia
com una resplendor d'eternitat;
aquell repòs que l'ànima somnia
pero quan aquest camí s'haurà acabat.

BOSCOS DE VALLVIDRERA

Ai, boscos de Vallvidrera!
quines sentors m'heu donat!
Tenia el mar al darrera
i al davant el Montserrat,
i als peus els llocs del poeta
que ja és a l'eternitat.
Més enllà d'altres carenes,
el Pirineu, tot nevat,
i aquell dolç país de França
que deu sê a l'altre costat...

Ai! boscos de Vallvidrera!
quines sentors m'heu donat!
Tot baixant per la drecera
he vist un arbre rosat:
ametller que presumies,
un altre se t'ha avançat.
—De massa matiner que era
ara em veus tan despullat:
les glaçades d'aquests dies
totes els flors m'han llevat;
prô encara en tinc unes quantes:
mira'm de l'altre costat.
—Ara veig que no tens culpa:
ametller, que Déu te guard,
que sens tu la bona nova,
no m'ho hauria semblat.

A UN TORRENT

Quantes voltes, oh torrent!
bo i mirant-te fit a fit
he volgut de ton brogit
entendre el mal sense accent!
Quantes voltes responent
a ta veu que m'eixordava
jo també amb afany cridava!
Què en treia jo? I tu què en treies?
Ni jo entenia el que em deies
ni tu el que jo et contava.

DE LAS MONTAÑAS

NOTA DE ÁLBUM

Regreso del dulzor de las montañas,
de ver el mar azul desde los riscos:
todo allí era luz y alegría
tremolaba en el llano el brillo de los ríos.
Todo estaba cerca y lejos y tenía
de eternidad un brillo iluminado;
aquel reposo que el alma soñaría
para cuando este camino se haya acabado.

BOSQUES DE VALLVIDRERA

¡Ay bosques de Vallvidrera!
¡qué fragancia me habéis dado!
Tenía el mar a mi vera
y Montserrat a mi lado,
y a mis pies, donde el poeta
al más allá ya ha pasado.
Más lejos otras alturas
del Pirineo nevado,
y el dulce país de Francia
que estará al otro costado...

¡Ay bosques de Vallvidrera!
¡qué fragancia me habéis dado!
Cogiendo la derechera
he visto un árbol rosado:
almendro que presumías,
otro se te ha adelantado.
—Por madrugador que era
ya me ves tan despojado:
las heladas de estos días
toda la flor me han quitado;
pero me quedan algunas
si miras al otro lado.
—Veo que no tienes culpa
almendro pronto florido,
que sin ti la buena nueva
no lo hubiera parecido.

A UN TORRENTE

Cuántas veces ¡oh torrente,
quise de tu movimiento,
mirándote frente a frente
saber el mal sin acento!
Cuántas veces, respondiendo
a tu voz que me asordaba,
también con afán gritaba!
¿Qué sacaba? ¿Qué entendías?
Ni entendí lo que decías
ni tú a mí lo que contaba.

AL CIM

El sol n'anava
quan jo hi he arribat.
La copa dels pins ja era negra,
prô el tronc tot daurat.

El cim, tot vermell del sol, que es ponia
una mica a ponent del Montserrat;
i la muntanya santa resplendia
d'un encès morat.

Mes el sol ha tombat la carena
i tot s'ha apagat.

He baixat. Per la terra enfosquida
no restava ni un rastre de sol;
i al bell fons de la Vil.la Joana
començava a cantâ un rossinyol.

    Ai! caminet, caminet,
    ai! caminet de muntanya
    tot carregat de sentors,
    dret per la costa solana
    no tens més ombra que els pins
    ni més flor que l'argelaga.

Un dia de sol és cosa bona
veure al volt de l'esguard per l'encontrada
de dalt del mur més alt de Barcelona
la plana del Vallès tota torrada.

    A la llum del sol de Déu,
    brillaven al lluny formoses
    unes muntanyes blavoses
    totes clapades de neu.

De les serres sobiranes
m'ha corprès altre cop la majestat,
l'estesa immobilitat
dels grans plans que hi ha dalt de les muntanyes.

    Aquella verdor de cap al tard
    En els plans verds a dalt de les muntanyes
    Entre la boira... el blanc ramat pastura...
    I a baix la gent
    mirant enlaire encantats.

    Oh quina matinada! encisadora!
    Veia des del bell balcó de Pau
    El Pirineu tot blau
    En la sina inflamada de l'Aurora.

Volàvem sobre els ferros de la febrosa via.
Ardent igual que un hèroe el jorn d'estiu moria.
Entre el fullatge immòbil que el sol ponent daurava
el dolç país de França fugia i s'allunyava.

A LA CIMA

El sol ya se marchaba
cuando yo he llegado.
La copa del pino era negra,
pero el tronco dorado.

La cima, toda roja del sol que se ponía
por Montserrat, un tanto a poniente;
y en el fondo de Vil.la Joana
de un morado refulgente.

Pero el sol ha cruzado la loma
y todo se ha apagado.

Bajé. Por la tierra oscurecida,
del sol no quedaba resplandor;
y en el fondo de Vil la Joana
empezaba a cantar un ruiseñor.

    Camino caminito,
    caminito de montaña
    tan cargado de fragancias,
    tieso en la costa solana
    sin más sombra que los pinos
    ni otra flor que la aulaga.

En un día de sol es buena cosa
por la comarca tender la mirada
y de Barcelona en la más alta cota
la llanura del Vallés ver tan tostada.

    Por la luz del sol de Dios, iluminadas
    brillaban a lo lejos, muy hermosas,
    unas montañas azuladas
    todas, de nieve, pecosas.

De las sierras soberanas
me ha encantado otra vez la majestad,
la extendida inmovilidad
de las grandes llanuras montañosas.

    Aquel verdor del atardecer
    En las llanuras verdes, arriba en las montañas
    entre la niebla... pace el blanco rebaño...
    Y abajo las gentes
    mirando hacia arriba embelesados.

    ¡Oh qué amanecida encantadora
    veía desde el balcón de Pau, tan bello:
    el Pirineo todo azul destello
    en el seno inflamado de la Aurora!

Volábamos sobre los hierros de la febril vía.
Ardiente como un hèroe el día de verano se moría.
Entre el follaje inmóvil que el sol poniente doraba
el dulce país de Francia huía y se alejaba.

EXPEDICIÓ DE CATALANS A ORIENT

Arreu cercant guerres—seis mil catalans
se'n van cap a Grècia—a on no aniran?
Salvaran imperis—n'enderrocaran;
entre ells faran guerra—si amb altres no en fan,
i a bots i a empentes—la Grècia espantant,
fins dalt de l'Acròpolis—pendó plantaran.

L'AUFÀBREGA

Aquesta mata olorosa
de la nit de Sant Joan
llença flaire, silenciosa,
entremig de la bravada
de la nit incendiada
per tants focs que es van alçant.

Entremig del núvols roigs,
el cel blau i les estrelles;
entremig dels crits de goig,
remoreig de fontanelles,
i entre el baf esbojarrant,
una flaire es va escampant
fresca, suau i candorosa:
les aufàbregues la fan:
són les mates oloroses
de la nit de Sant Joan.

Donzelles enamorades
d'un nuvi esdevenidor,
escabellen les aufàbregues
perquè facin més olor.

L'aufàbrega escabellada
és un encenser violent
que llançant la flaire enlaire
augmenta l'encantament.

Quina olor més fresca i forta,
ara que els focs ja se'n van!
Sant Joan, obriu la porta
perfumada de Llevant!

I en el matí d'aures blanes
l'aufàbrega trobarà
altres aromes germanes
que la nit fan oblidar.

EXPEDICION DE LOS CATALANES A ORIENTE

Seis mil catalanes—van buscando guerra;
se van hacia Grecia—¿a dónde no irán?
Salvarán imperios—y los hundirán;
lucharán entre ellos—si otros no han
y a saltos y a empujes—Grecia asustarán:
y en la alta Acrópolis—su pendón plantarán.

LA ALBAHACA

Esta mata olorosa
de la noche de San Juan
lanza olores, silenciosa,
en medio la tufarada
de la noche incendiada
por tantos fuegos que hay.

Dentro del nublado rojo,
del cielo azul, las estrellas,
y de los gritos de gozo
y el rumor de fuentezuelas;
dentro el vaho enloquecido,
una fragancia se esparce
fresca, suave, candorosa:
las albahacas la dan:
son las matas olorosas
de la noche de San Juan.

Doncellas enamoradas
de un novio prometedor
despeinan las albahacas
para que den más olor.

La albahaca desgreñada
es incensario violento
que echando el olor al aire
aumenta su encantamiento.

¡Qué olor más fresco y fuerte
después del fuego de antes!
¡San Juan, abridnos la puerta
perfumada de Levante!

Y en el aura de mañana
la albahaca encontrará
otras aromas hermanas
que la noche hace olvidar.

ODA A ESPANYA

Escolta, Espanya,—la veu d'un fill
que et parla en llengua—no castellana;
parlo en la llengua—que m'ha donat
la terra aspra:
en'questa llengua—pocs t'han parlat;
en l'altra, massa.

T'han parlat massa—dels saguntins
i dels que per la pàtria moren:
les teves glòries—i els teus records,
records i gloriès—només de morts:
has viscut trista.

Jo vui parlar-te—molt altrament.
Per què vessar la sang inútil?
Dins de les venes—vida és la sang,
vida pels d'ara—i pels que vindran:
vessada és morta.

Massa pensaves—en ton honor
i massa poc en el teu viure:
tràgica duies—a mort els fills,
te satisfeies—d'honres mortals,
i eren tes festes—els funerals,
oh trista Espanya!

Jo he vist els barcos— marxar replens
dels fills que duies—a que morissin:
somrients marxaven—cap a l'atzar;
y tu cantaves—vora del mar
com una folla.

On són els barcos?—On són els fills?
Pregunta-ho al Ponent i a l'ona brava:
tot ho perderes,—no tens ningú.
Espanya, Espanya—retorna en tu,
arrenca el plor de mare!

Salva't, oh, salva't—de tan de mal;
que el plô et torni feconda, alegre i viva;
pensa en la vida que tens entorn:
aixeca el front,
somriu als set colors que hi ha en els núvols.

On ets, Espanya?—no et veig enlloc.
No sents la meva veu atronadora?
No entens aquesta llengua—que et parla entre perills?
Has desaprès d'entendre an els teus fills?
Adéu Espanya!

ODA A ESPAÑA

Escucha, España,—la voz de un hijo
que te habla en lengua—no castellana;
hablo en la lengua—que me ha enseñado
la tierra áspera:
en esta lengua—pocos te hablaron;
en la otra lengua—demasiado.

Mucho te hablaron—de saguntinos
y de aquellos que por la patria mueren:
las glorias tuyas—y tus recuerdos
recuerdo y gloria—sólo de muertos:
viviste triste.

Yo quiero hablarte—muy de otro modo.
¿Por qué verter la sangre inútil?
Dentro las venas—vida es la sangre,
para los de ahora—y los que vendrán:
vertida, es muerte.

Mucho pensabas—en tu honor
y en tu vivir muy poco:
llevabas trágica—tus hijos a morir,
te complacías—de honras mortales,
y eran tus fiestas—los funerales,
¡oh triste España!

Yo vi los barcos—partir repletos
de hijos llevados—a que muriesen:
sonrientes iban—hacia el azar;
y tú cantabas—cerca del mar
como una loca.

¿Dónde están los barcos?—¿Dónde los hijos?
Pregúntalo a la ola bravía y al Poniente:
perdiste todo—ya nadie queda aquí,
¡España, España,—retorna en ti,
y arranca el llanto de una madre!

¡Sálvate, oh sálvate—de tanto mal!
que el llanto te haga fecunda, alegre y viva;
piensa en la vida que alrededor tienes:
alza la frente,
sonríe a los siete colores que hay en las nubes.

¿Dónde estás, España?—no llego a verte.
¿Es que no oyes mi voz atronadora?
¿No entiendes esta lengua—que te habla entre peligros?
¿Es que dejaste de entender a tus hijos?
¡Adios España!

ODA NOVA A BARCELONA

—On te'n vas Barcelona, esperit català
que has vençut la carena i has saltat ja la tanca
i te'n vas dret enfora amb tes cases disperses,
lo mateix que embriagada de tan gran llibertat?

—Veig allà el Pirineu amb ses neus somrosades,
i al davant Catalunya tota estesa als seus peus,
i me'n vaig... És l'amor qui m'empeny cap enfora,
i me'n vaig delirant amb els braços oberts.

—Oh! detura't un punt! Mira el mar, Barcelona,
com té faixa de blau fins al baix horitzó,
els poblets blanquejant tot al llarg de la costa,
que se'n van plens de sol vorejant la blavor.
I tu fuges del mar?...
                                —Vinc del mar i t'estimo,
i he pujat aquí dalt per mirar-lo mellor,
i me'n vaig i no em moc: sols estenc els meus braços
perquè vull Catalunya tota a dintre el meu cor.

—Altra mar veus enllà, encrespada i immòbil
de les serres que riuen al sol dolçament:
per copsar tanta terra i tanta mar, Barcelona,
ja et caldrà un pit ben gran, amb uns braços ben ferms.

—Com més terra i més mar, i més pobles obiro,
a mesura d'amor el meu pit s'engrandeix,
i me sento una força que abans no tenia,
i sóc tan tota una altra que fins jo em desconec.

—Corre enllà, corre enllà, corre enllà, Barcelona,
que ja et cal esse' una altra per ésser la que deus;
perquè ets alta i airosa i fas molta planta,
però bé et falta encara molt més del que tens.
Ets covarda, i crudel i grollera,
Barcelona, però ets riallera
perquè tens un bell cel al damunt;
vanitosa, arrauxada i traçuda:
ets una menestrala pervinguda
que ho fa tot per punt.

Alces molts gallarets i penons i oriflames,
molts llorers, moltes palmes,
banderes a l'aire i domassos al sol,
i remous a grans crits tes espesses gentades,
per qualsevulga cosa acorruades
entorn de qualsevol.

Mes, passada l'estona i el dia i la rauxa
i el vent de disbauxa, de tot te desdius;
i abandones la via i la glòria i l'empresa,
i despulles el gran de grandesa.
I encara te'n rius.

ODA NUEVA A BARCELONA

—¿Dónde te vas Barcelona, espíritu catalán
que has vencido la loma y has saltado la valla
y caminas hacia fuera con tus casas dispersas,
igual que embriagada de tan gran libertad?

—Veo allá el Pirineo con sus nieves rosadas,
y al frente Cataluña extendida a sus pies,
y me voy... Es el amor quien me empuja hacia afuera,
y me voy delirante con los brazos abiertos.

—¡Oh, párate un momento! Mira el mar, Barcelona,
que te ciñe de azul hasta el bajo horizonte.
Por la costa tendidos los pueblecitos blancos
se van llenos de sol, el azul orillando.
¿Y tú huyes del mar?
                                —Del mar vengo y le quiero
y he subido ahí arriba para verlo mejor,
y me voy y me quedo: sólo extiendo mis brazos
porque quiero a Cataluña dentro mi corazón.

—Otra mar ves allí, encrespada e inmóvil,
de las sierras que ríen cara al sol dulcemente:
para abarcar tanta tierra y tanta mar, Barcelona,
un gran pecho precisas, y unos brazos muy fuertes.

—Cuanto más tierra y más mar y más pueblos vislumbro,
con medida de amor mi pecho se engrandece,
y me siento una fuerza que antes no tenía
y me creo ser otra, que no se me parece.

—Corre allá, corre allá, corre allá, Barcelona,
que bien debes ser otra para ser la que debes;
porque eres alta y airosa y tienes buena planta,
pero todavía te falta mucho más que no tienes.
Eres cobarde, y cruel y grosera,
Barcelona, pero eres festiva,
porque tienes un bello cielo encima;
vanidosa, arrebatada, mañosa:
eres una menestrala engreída,
y eres puntillosa.

Alzas gallardetes, muchos oriflamas,
pendones, laureles y palmas;
cuelgas resposteros y al aire despliegas banderas;
remueves a gritos muchedumbres espesas
por cualquier futesa
en torno a cualquiera.

Mas pasado el rato y el día y el arranque,
de lo que te emborracha, pronto te desdices;
y abandonas a vía y la gloria y la empresa
y al grande le quitas toda su grandeza.
Y además te ríes.

82

Te presums i engavanyes alhora
amb manto de monja i vestit de senyora
i vel de la musa i floc relluent;
prô mudes de pressa, i amb gran gosadia
la musa i la nimfa i la dama i la pia
s'arrenca el postís i la veu disfressada,
i surt la marmanyera endiablada
que empaita la monja i li crema el convent...
I després el refàs més potent!

Esclata la mort de tes vies rialleres
en l'aire suau:
esclata impensada, i segura i traïdora
com altra riallada escarnidora...
Rialldes de sang!
El fang dels teus carrers, oh Barcelona!
és pastat amb sang.
I tens dreta en la mar la muntanya, ai! que venja
amb son castell al cim, i amb la revenja
mes ai! en el flanc!

Tens aquesta rambla que és una hermosura...
i tens la dolçura dels teus arravals,
on, tan prop de tes vies sonores
i al mig de les boires del fum i ses marques,
camps de blat en la pau dels patriarques
maduren lentamente els fruits anyals.

I allí, a quatre passes, febrosa de sobres,
més ample que l'altra, la Rambla dels pobres
tremola en la fosca ses llums infernals.

Prô ni el baf ni la pols de tos llots i desferres,
ni els pals i filferres
que t'armen a sobre la gran teranyina,
ni el fumar de tes mil xemeneies,
ni el flam de les teies
que mou la discòrdia i abranden l'incendi,
són bastants a posar vilipendi
an aquest cel que tens tan dolç i blau
que tot s'ho empassa i resol i canvia,
i ho torna en oblit i consol i alegria:
mil cops la perdesses,
mil cops més tornaria a tu la pau.

A la part de Llevant, místic exemple,
com una flor gegant floreix un temple
meravellat d'haver nascut aquí,
entremig d'una gent tan sorruda i dolenta,
que se'n riu i flestoma i es baralla i s'esventa
contra tot lo humà i lo diví.
Mes, en mig la misèria i la ràbia i fumera,
el temple (tant se val!) s'alça i prospera
esperant uns fidels que han de venir.

Tal com ests, tal te vull, ciutat mala:
és com un mal donat, de tu s'exhala:
que ets vana i coquina i traïdora i grollera,
que ens fa abaixà el rostre
Barcelona! i amb tos pecats, nostra! nostra!
Barcelona nostra! la gran encisera!

Tú presumes, y a un tiempo te embarazas,
con el manto de monja y el traje de dama,
el velo de musa y el mechón pimpante:
pero cambias pronto, y con gran osadía
la musa y la ninfa y la dama y la pía
se arranca el postizo y la voz disfrazada,
y sale rabanera endiablada
que acosa la monja y le quema el convento...
¡Y lo rehace luego, más opulento!

Estalla la muerte
en el aire suave de tu calle riente:
estalla impensada, y segura y traidora,
con una carcajada escarnecedora...
¡Carcajadas de sangre!
El barro de tus calles, ¡oh Barcelona!,
con sangre está amasado.
Y tienes de pie en el mar la montaña que venga
con su castillo en la cima, y con la vindicta
¡mas ay, en el flanco!

Tienes esta rambla que es una hermosura...
y tienes la dulzura de tus arrabales,
donde, tan cercanos a tus vías sonoras
y en medio de las brumas del humo y sus marcas
campos de trigo en la paz de los patriarcas
maduran lentamente los frutos anuales.

Y allí, a cuatro pasos, con fiebre de sobras,
más ancha que la otra, la rambla de los pobres
tremola en la sombra sus luces infernales.

Pero ni el vaho ni el polvo de tus lodos y cochambres,
ni los postes y alambres
que te arman encima la gran telaraña,
ni el humear de tus mil chimeneas,
ni la llama de las teas
que mueve la discordia y prende el incendio,
son bastantes para poner vilipendio
en este cielo que tienes tan dulce y azul
que todo lo traga y resuelve y varía
y lo cambia en olvido, consuelo y alegría:
mil veces la perdieras,
mil veces, a ti, la paz volvería.

Del lado de Levante, místico ejemplo,
como una flor gigante florece un templo
maravillado él mismo de haber nacido allí,
en medio de un gentío, tan cazurro y mezquino
que se ríe y blasfema y pelea y revienta
contra todo lo humano y divino.
Mas en medio de la miseria, la rabia y la humareda
el templo (¡da lo mismo!) se levanta y prospera,
esperando unos fieles que vienen de camino.

Tal cual eres, te quiero, ciudad mala:
es como un aojo que de ti se exhala:
que eres vana y tacaña y traidora y grosera,
y nos tienes a todos avergonzados.
¡Barcelona nuestra, con todos sus pecados!
¡Barcelona nuestra, la gran hechicera!

LES MUNTANYES

A l'hora que el sol se pon,
bevent al raig de la font,
he assaborit els secrets
de la terra misteriosa.

Part de dins de la canal
he vist l'aigua virginal
venir del fosc naixement
a regalar-me la boca,

i m'entrava pit endins...
I amb els seus clars regalims
penetrava-m'hi ensems
una saviesa dolça.

Quan m'he adreçat i he mirat,
la muntanya, el bosc i el prat
me semblaven altrament:
tot semblava una altra cosa

Al damunt del bell morir
començava a resplendir
pels celatges carminencs
el blanc quart de lluna nova.

Tot semblava un món en flor
i l'ànima n'era jo.

Jo, l'ànima flairosa de la prada
que es delia en florir i ser dallada.

Jo, l'ànima pacífica del ramat
esquellejant pel bac mig amagat.

Jo, l'ànima del bosc que fa remor
com el mar, que és tan lluny en l'horitzó.

I l'ànima del saule jo era encara
que dóna a tota font son ombra clara.

Jo, de la timba l'ànima profonda
on la boira s'aixeca i es deixonda.

I l'ànima inquieta del torrent
que crida en la cascada resplendent

Jo era l'ànima brava de l'estany
que guaita el viatger amb ull estrany.

Jo, l'ànima del vent que tot ho mou
i la humil de la flor quan se desclou.

Jo era l'altitud de la carena...

LAS MONTAÑAS

A la hora del sol poniente,
bebiendo al chorro de la fuente,
saboreé los secretos
de la tierra misteriosa.

Desde dentro del canal
venir vi la virginal
agua de su fuente oscura,
a regalarme la boca,

y me entraba pecho adentro...
Y con sus claros regueros
me penetraban, al tiempo,
los más dulces pensamientos.

Cuando me erguí y he mirado,
la montaña, el bosque, el prado,
distintos me parecieron
y todo era otra cosa.

Encima el bello morir
empezaba a relucir
por los carmines celajes
el blanco cuarto de luna

Un mundo en flor parecía
y su alma era la mía.

Yo del prado era el alma perfumada
que se afana en florecer y ser segada

Yo, el alma del rebaño que pacía
cencerreando por la escondida umbría.

Yo, el alma del bosque rumoroso
como el mar, en el horizonte borroso.

Y el alma del sauce era, todavía,
que a cada fuente da su sombra pía.

Yo, de los riscos el alma abismada
donde la niebla se alza despejada.

Yo, el alma inquieta del torrente
que grita en la cascada resplendente.

Yo era el alma azul del claro lago
que mira al viajero sin halago.

Yo, el alma del viento, que todo lo alborota
y la de la humilde flor, que apenas brota.

Yo era la altitud de la cimera...

Els núvols m'estimaven llargament,
i al llarg amor de l'ennuvolament
congriava's mon ànima serena.

Sentia la delicía de les fonts
naixe' en mon si, regal de les congestes;
i en l'ampla quietud dels horitzons
hi sentia el repòs de les tempestes.

I quan el cel s'obria al meu entorn
i reia el sol en ma verdosa plana,
les gents, al lluny, restaven tot el jorn
contemplant ma bellesa sobirana.

Però jo, tota plena de l'anhel
agitador del mar i les muntanyes,
fortament m'adreçava per dû al cel
tot lo de mos costats i mes entranyes.
. . . .
A l'hora que el sol se pon,
bevent al raig de la font,
he assaborit els secrets
de la terra misteriosa.

Las nubes me besaban ampliamente
y con su largo amor oscureciente
se fraguaba mi ánima serena.

De las fuentes, el delicioso gozo
sentía en mí, regalo de los montes,
y en la ancha quietud del horizonte
sentía de las tempestades el reposo.

Y cuando el cielo en torno a mí se abría
y reía el sol en mi pradera llana,
a lo lejos la gente, todo el día,
miraba mi belleza soberana.

Pero yo, llena toda del anhelo
agitador del mar y las montañas,
me alzaba fuertemente, dando al cielo
cuanto había en mi flanco y mis entrañas.
. . . .
A la hora del sol poniente
bebiendo al chorro de la fuente
saboreé los secretos
de la tierra misteriosa.

PIRENENCA

Dins la cambra xica, xica,
en la nit dormo tot sol;
part de fora, negra, negra,
la muntanya em vetlla el son.
La muntanya alta, alta,
que se'm menja tot el cel,
se m'arrima dreta, immòbil,
sentinella mut i ferm.
Els meus somnis volen, volen
cap els plans i vora el mar
on els meus amors m'esperen
sota el cel assoleiat.
Jo somric an els meus somnis
adormit en la nit, sol...
Part de fora negra, negra,
la muntanya em vetlla el son.

PIRENAICA

En mi cuarto chico, chico,
por la noche duermo solo;
por fuera, negro que negro
el monte vela mi sueño.
La montaña, alta, alta,
se me come todo el cielo,
se me acerca, firme, inmóvil,
centinela mudo y fiero.
Mi sueño, vuela que vuela,
va hacia el llano, junto al mar,
bajo el cielo soleado
mi amor me sabe esperar.
De mis sueños me sonrío
dormido en la noche solo...
Por fuera, negro que negro,
el monte vela mi sueño.

VISTES AL MAR

De la nit per lo pregon,
entre cants i llum estranya,
baixaven de la muntanya
al Dolor com rei del món.

Nit del Divendres Sant
Caldetes, 1901.

I

Vora la mar eternament inquieta
floreix immóbil la pomera blanca,
i el presseguer vermell, que riu i brilla
prop la mar inquieta aquietadora.

II

Degué sê un dia així que el bon Jesús
caminà sobre el mar: el cel i l'aigua
serien, com avui, llisos i blaus...
I la Visió anà ràpida a l'encontre
dels encantats deixebles en la barca.

III

El cel ben serè
torna el mar més blau,
d'un blau que enamora
al migdia clar:
entre els pins me'l miro...
Dues coses hi ha
que el mirar-les juntes
me fa el cor més gran:
la verdor dels pins,
la blavor del mar.

IV

El vent se desferma
i tot el mar canta.
Mar brava, mar verda, mar escumejanta!
L'onada s'adreça,
venint s'ageganta,
avença i s'acosta
callada que espanta.
L'escuma enlluerna,
el sol l'abrillanta,
l'onada s'esberla
i cau ressonanta.
Mar brava, mar verda, mar escumejanta!

VISTAS AL MAR

De la noche en lo profundo,
con cantos y luz extraña
bajaba de la montaña
el Dolor cual rey del mundo.

Noche del Viernes Santo
Caldetes, 1901.

I

Junto a la mar eternamente inquieta
florece inmóvil el manzano blanco,
y el rojo melocotonero, ríe y luce
cerca la inquieta mar, sosegadora.

II

Sería un día así que el buen Jesús
caminó sobre el mar: el agua y cielo
serían como hoy, lisos y azules...
Y la Visión fue rápida al encuentro
de los discípulos en la barca absortos.

III

El cielo despejado
el mar azul volvía
de un tono que enamora
al claro mediodía:
lo miro entre los pinos...
Hay dos cosas que juntas
el pecho han de ensanchar:
el verde de los pinos
y el claro azul del mar.

IV

Se desata el viento
y todo el mar canta
¡Mar brava, mar verde, mar espumeante!
La ola se yergue,
llega y se agiganta,
se acerca callada,
avanza que espanta.
La espuma deslumbra
el sol la abrillanta,
la ola se rasga,
cal resonante.
¡Mar brava, mar verde, mar espumeante!

V

Una a una, com verges a la dansa,
entren lliscant les barques en el mar;
s'obre la vela com una ala al sol,
i per camins que només elles veuen
s'allunyen mar endintre...

Oh cel blau! Oh mar blau, platja deserta,
groga de sol! De prop el mar te canta,
mentres tus esperes el retorn magnífic
a sol ponent, de la primera barca,
que sortirà del mar tota olorosa.

V

Una a una cual vírgenes en danza,
se deslizan las barcas sobre el mar;
al sol se abre su vela como una ala
y por caminos que sólo ven ellas
mar adentro se las ve alejar.

¡Cielo azul, mar azul, playa desierta
amarilla de sol! El mar te canta
mientras tú esperas la vuelta milagrosa,
a la puesta del sol, de la primera barca,
que saldrá de la mar tan olorosa.

OH! TU, PORT DE BARCELONA

Oh! tu, port de Barcelona,
bé n'estaves d'ufanós
quan volgué conquistar Tunis
Carles Quint Emperador.
Vessaves les naus a centes
fins al més llunyà horitzó,
vessaves armes i prínceps
i colors al vent i al sol.

¡OH, PUERTO DE BARCELONA!

¡Oh puerto de Barcelona
cuán ufano te sentías
cuando el Emperador Carlos Quinto
conquistar Túnez quería.
Vertías naves a cientos
hasta el lejano horizonte,
vertías armas y príncipes
y color al sol y al viento.

ELS FOCS
D'AQUEST SANT JOAN

Ja les podeu fer ben altes,
les fogueres aquest any:
cal que brillin lluny i es vegin
els focs d'aquest Sant Joan.

Cal que es vegin de València,
de Ponent i de Llevant...
i en fareu també en la Serra
porquè els vegin més enllà.

Que la terra està revolta
sota el peu dels occitans,
i convé que se'n recordin,
de l'antiga germandat.

Des que fou esquarterada
no s'havia vist pas mai
redreçar-se alhora els trossos
cadascú pel seu costat.

Miracle! gent d'Occitània
l'esprît d'Oc s'ha despertat!
Tots la passarem en vetlla,
eixa nit de Sant Joan.

Tots la passarem en vetlla
al voltant dels focs més alts,
perquè es parlin uns amb altres
com llengües de l'Esperit Sant.

Parlaran de serra en serra,
i de la més alta als plans...
Pirineu, si resplendisses
tot encès de mar a mar,
remembrant als fills en vetlla
les memòries del passat,
les fiances del pervindre
i els misteris d'eix atzar
que fa que els fills d'una mare,
que els homes d'un sol parlar
tinguen els braços en l'aire
tots alhora bracejant;
i el crit d'una sola llengua
s'alci dels llocs més distants
omplint els aires encesos
d'un clamor de Llibertat!

LOS FUEGOS
DE ESTE SAN JUAN

Las podéis hacer muy altas
las fogatas de este año,
que brillen lejos y se vean
los fuegos de este San Juan.

Se verán desde Valencia
desde Poniente y Levante
las que haréis en la Sierra,
desde puestos más distantes.

Que la tierra está revuelta:
vinieron los occitanos
y conviene que se acuerden
que somos todos hermanos.

Desde que fue descuartizado
jamás había pasado
levantarse los pedazos
cada uno por su lado.

¡Milagro! el espíritu de Oc
veo que está despertando:
esta noche de San Juan
la pasaremos velando.

La pasaremos en vela
en torno a los fuegos altos,
hablándonos como si fueran
lenguas del Espíritu Santo.

Lo haremos de risco en risco
de los altos a los llanos.
Si lucieras Pirineo
de mar a mar encendido,
recordarías en vela
memoria de lo que ha sido
y la fe en el porvenir
y el misterio de este azar
que hace que hijos de una madre
y hombres de un mismo hablar
tengan los brazos al aire
y que lo hagan a un tiempo
y el grito de un mismo hablar
se alce en lugares distantes
llenando el aire encendido
de un clamor de Libertad.

ALTRES VISTES AL MAR

I

Avui el mar té vint-i-vuit colors,
i tot està revolt, el cel i l'aigua:
el cel brillant i blau; el vent, furiós,
hi escotona els núvols i els empaita.
Fa voleiar banderes i blancors,
retorç i esbulla els arbres amb gran sanya:
tot són crits i soroll i lluentors,
amb un fresseig i un bellugueig que espanta.

II

Al mar, tot el commou, tot el renova,
l'assombra un núvol, un raig de sol l'alegra,
per un no-res que prop o lluny se'l mira
muda el color com verge vengonyosa.

III

Ara sembleu flors del mar,
veles que sortiu enfora
a l'hora que el sol se pon
i el mar té un color de rosa.

IV

Mar d'acer de cap al tard,
delícia de la mirada;
bé em fineixes la jornada—bella i plena.
　　Déu del mar
grans mercès de la jornada
　　tan serena!

V

Mar blau, adéu.
Muntanyes amansides
que per damunt hi corre el vent suau;
campanes de viletes escondides
que tantes hores m'heu tocat en pau!
　　adéu-siau.

OTRAS VISTAS AL MAR

I

Hoy el mar tiene, colores más de ciento,
y todo está revuelto, cielo y agua:
el cielo brilla azul; furioso el viento
parece que acose las nubes, y las deshaga.
Hace volar banderas y blancuras,
retuerce y despeina los árboles con saña:
todo son gritos, ruidos y resplandores,
con un rumorear y un bullir que espanta.

II

Al mar, todo le conmueve y todo le renueva,
le ensombrece una nube, un rayo de sol le alegra;
por casi nada, que de cerca o de lejos le mire,
cambia de color, como una virgen avergonzada.

III

Parecéis flores del mar,
velas, cuando salís fuera
cuando el sol va a declinar
y el mar es color de rosa.

IV

Mar de acero del crepúsculo,
delicia de la mirada:
bien se acaba la jornada—bella y plena.
　　¡Dios del mar
gracias pues por la jornada
　　tan serena!

V

Mar azul, adiós.
Montañas amansadas
por encima de las cuales corre un suave viento;
campanas de aldehuelas escondidas
que oí tantas veces en la paz de la tarde:
　　Dios os guarde.

PIRENENQUES

I

A dalt del Pirineu
les flors són esblaimades
les flors són d'un blau clar,
blavoses o morades;
són tristes dels alts monts
les crestes emboirades,
i tristos els ramats
estesos per les prades,
i la del dret pastor,
figura solitària.
El sol esblanqueït
no treu color ni escalfa;
el bosc mesquí i llenyós,
i l'herba curta i clara;
pedrosos i grisencs
els cims de les muntanyes,
tots ditejats de neu
d'eternes clapes blanques
i fumejant arreu
la boira corre i passa.
Al tard, de dins les valls
la boira va aixecant-se,
i amb ella emmantellant
se va solemnement l'alta muntanya

II

Tot està immoble dalt del Pirineu,
tot, menys la boira diàfana i lleugera
        que corre com fumera
per valls, faldes i cims, arreu, arreu.
És la freda carícia d'eixes terres,
la nina aviciada de les serres
trista jugant per l'ampla soletat,
lliscant per les quietes serralades
que enormes li mig riuen, arrugades
amb un somrís exiut tot esblaimat.

III

Ben ajagut a terra, com me plau
el veure davant meu en costa suau
un prat ben verd sota d'un cel ben blau!
I en les albes la gran bellugadissa
de les fulles d'acer que el vent eriça
amb tants reflexs de llum enlluernadissa.
I el sol estès pertot.
                    I el rec com cau
escumejant avall la costa suau
del prat ben verd sota del cel ben blau.

Tots els membres caiguts, tot jo per terra,
buidat de tota força i sens desig,
la pensa a poc a poc se'm desaferra...

I em vaig trobant tan bé an allà entremig,
i em va invadint com una immensa pau,
i vaig sent un tros més del prat suau
ben verd, ben verd sota d'un cel ben blau.

PIRENAICAS

I

Arriba, al Pirineo
las flores azuladas
son todas desvaídas,
azules o moradas;
tristes los altos montes
con sus crestas nubladas
y tristes las ovejas
por el prado esparcidas;
la del pastor erguido,
figura solitaria.
El sol es blanquecino
y sin color, ni escalfa;
el bosque, leña seca;
la yerba, corta y clara;
pedregrosas y grises,
del monte son las cimas
que motea la nieve
de eternas manchas blancas:
y humeando por todo,
la niebla corre y pasa.
Por la tarde, del fondo
del valle se levanta
la niebla y, muy solemne
va envolviendo la alta montaña.

II

Todo está inmóvil en el Pirineo,
todo, menos la niebla, diáfana y ligera
        que corriendo, como humareda,
por valles, faldas y cimas veo.
Es la fría caricia de estas tierras,
la niña mimada de las sierras,
triste, jugando solitaria y fría,
resbalando por las quietas cordilleras
que enormes le sonríen, placenteras,
con sonrisa seca y desvaída.

III

Tendido en el suelo ¿cuánto me complace
ver, en suave cuesta, cómo ante mí yace
un prado muy verde, bajo azul celaje!
Y ver, en el álamo, el gran hormigueo,
cuando el viento eriza las hojas de acero
y ver sus reflejos y chisporroteo.
Y el sol extendido.
                    Y dejar que baje
el pequeño arroyo la costa suave,
por el prado verde, bajo azul celaje.

Caídos los miembros postrado en el suelo,
vacío de fuerzas, sin ningún deseo,
con el pensamiento casi sin anhelo...

Me voy encontrando como a mí me place
y me va invadiendo una dulce paz;
voy siendo yo mismo un pedazo más
de aquel prado verde bajo azul celaje.

IV

Els núvols blancs i flonjos van caient
lliscant per la ferrenya serra avall;
del cel a grans bocins se van desfent
i baixen al silenci de la vall.
El sol en mig del blau, victoriós,
fa vibrar els colors de quant se veu...
Dels núvols l'estol blanc, silenciós,
va caient, va caient, pertot arreu.

V

Acabada la pluja de la tarda,
els núvols lentament s'han esquinçat;
s'ha obert el cel blau tendre tot mullat;
jeu en la serra nuvolada parda.
A la llum que reneix ja ponentina,
        rosseja el camp fangós,
        verdeja el coll humit,
i a la freda alanada de la nit
alegre vermelleja el jorn que fina.

VI

Plau-me, el bastó del caminat al puny,
abraçâ els horitzons d'una mirada,
fer-me entrâ a dins la immensitat del cel
i el gran adormiment de les muntanyes,
sentî el riu invisible per les valls
i el llunyedâ ressò de la tronada:
a cavall de la serra veure immoble
altra serra de núvols molt més alta,
cotonosa i inflamada pel Ponent.

Després, quan sense el sol la llum és balba,
descolori's la terra an els meus peus
del cel descolori's tota l'amplada...
Les primeres tristeses de la nit
sentî entrar-me en els ossos llavors plau-me;
i al baixar de l'altura tot corprès,
creuar-me amb les tenebres que s'hi alcen.

IV

Las nubes blancas, resbalando suaves,
van por la arisca sierra descendiendo
desde el cielo a pedazos deshaciéndose
y bajando al silencio de los valles.
El sol, sobre el azul victorioso,
de cuanto ve, el color hace vibrar;
y de las nubes, el mazo silencioso
va cayendo, cayendo sin parar.

V

Terminada la lluvia de la tarde,
lentas las nubes se han desgarrado;
se ha abierto el cielo azul, tierno y mojado,
y yacen en la sierra nubes pardas.
A la luz que renace ponentina,
        rubio parece el campo enlodado,
        verdea el abra humedecida,
y en la noche que fría se avecina,
alegre bermellea el día que termina

VI

Empuñando el bastón del caminante,
me gusta abarcar de una mirada,
los horizontes; hacer que me penetre
la inmensidad del cielo y, de los montes
la gran ensoñación. Sentir el río
invisible rodando por los valles
y el alejado eco de los truenos.
A horcajadas de la sierra inmóvil
ver otra sierra de nubes, aún más altas,
por el Poniente rojas e inflamadas.

Después cuando, sin sol, la luz está aterida
descolorarse la tierra a mis plantas
y del cielo descolorarse la anchura toda...
Las primeras tristezas de la noche
sentir cómo penentran en mis huesos
me place entonces; y de las alturas
al descender, cruzarme impresionado
con las tinieblas que de allí se alzan.

RETORN

I

On Pirineu! En tes profondes gorges,
fill de la plana, m'he sentit com pres,
i amb l'esguard demanava al cel altíssim
amplària i vent.
Pujava per tes costes gegantines
on blanquegen les cascades
i negregen els avets;
on la flor de la muntanya
perfumava el meu gran enyorament...
La llibertat dels cims no l'assolia:
restava a vora d'ells.

II

En alta solitud s'està pels cingles
el blau estany immòbil,
mirant-se al Vignemale, que li mostra
sa faldada de neu:

jo a l'hora del capvespre hi arribava
i a prop de l'aigua quieta
m'asseia tristament.

III

Cercava Gavarnie entre les boires
on llisquen les cascades
al llarg del mur immens pausadament;
i al ser-hi he sospirat per trobar aire
i he hagut d'aixecà el cap per veure el cel.

I, trencant ton encís d'una vegada,
oh Pirineu terrible!
a la plana del Tarbes
me n'he baixat corrents.

IV

En els teus peus, a ratlla de la plana,
Lourdes devota té molt bell el cel:
el sol hi daura la ramada humana
que bela amb un gran bel
davant la Verge blanca,
davant la iglésia freda;
i en mig del baf de les gentades tèrboles
s'alça el miracle, i dolçament floreix
als vermellosos raigs del sol ponent...

(Passar jo l'he vista—l'horrible filera
dels malalts en braços dels homes de fe:
les boques inflades,—les conques morades,
el cos sense gest.

I aquella malalta—tan blanca, tan rossa,
no me la puc treure mai del pensament.
Sols ella mig reia. Jo crec que era morta.)
Al vespre un riu de llumenetes grogues
passa en la fosca ressonant de veus.

RETORNO

I

¡Oh Pirineo! En tus profundas simas,
hijo de la llanura, preso me sentí.
Con la mirada al alto cielo pido
anchura y viento.
Subí por tus repechos gigantescos
entre blancas cascadas
y negros abetos;
donde la flor de la montaña perfumaba
mi nostalgia sincera...
La libertad de las cimas no alcanzaba:
me quedaba a su vera.

II

En la alta soledad está en los riscos
el lago azul que no se mueve,
viendo cómo le muestra, el Vignemale
su haldada de nieve:

yo a la hora del atardecer llegaba;
y junto al agua quieta
triste me sentaba.

III

Buscaba Gavernie entre la niebla,
do fluyen las cascadas
pausadamente a lo largo del inmenso muro;
al llegar, suspiré buscando aire
y tuve que alzar el rostro para ver el cielo.

Y rompiendo de una vez tu encantamiento,
¡oh terrible Pirineo!
a la llanura de Tarbes
me bajé corriendo.

IV

A tus pies, lindando con la plana,
Lourdes devota tiene un hermoso cielo:
allí dora el sol la grey humana
que vela con anhelo
ante la iglesia fría
y ante la Virgen soberana.
Y entre el valle de las turbias multitudes
se alza el milagro; dulcemente florece
a los rayos rojizos del sol cuando atardece...

(Yo he visto pasar—el desfile horrendo
de enfermos en brazos de hombres creyentes,
las bocas hinchadas—las cuencas moradas,
desmayado el cuerpo.

Y la enferma aquella—tan rubia, tan blanca,
jamás podré echarla de mi pensamiento.
Sólo ella sonreía; creo que muerta estaba.)
De noche un río de luces amarillas
pasaba en la sombra con resonantes voces.

V

Salut, noble Bearn! Oh terra franca,
      mare de cavallers
que es jugaven la vida a cops d'espasa
      bravejant i rient!
Abocat a l'airosa balconada,
jo t'he cantat de lluny, oh Pirineu!
veient tos cims com rengle de fantasmes
vestits de llum en la blavor del cel.
      Adéu, visió darrera
      de l'alta cordillera!
Que en deus estar d'hermosa,
a l'hivern, sota el sol, blanca de neu!

HIMNE DE L'ARBRE FRUITER

Cantem plantant, plantem cantant,
      que tot és vida.
Els bons plançons, amb uns bons cants,
      fan més florida.

      En terra l'hem clos.
      Au! Fes-t'hi ben gros.
      Arbre, cuita, cuita!
      Els cants són les flors,
      els fets són la fruita.
      Donem-li el bon jorn,
      dansem-li a l'entorn:
      alçà! Aire, aire!
      El seu bon retorn
      no pot trigar gaire.

      Ai, quina verdor!
      Ai, quina abundor!
      Mira! mira! mira!
      Tot ell és dolçor
      i el vent hi sospira.
      Com ell, bons germans,
      creixem forts i sans.
      Pluja, sol, davalla!
      Els xics se fan grans.
      Amunt, jovenalla!

Cantem plantant, plantem cantant,
      que tot és vida.
Els bons plaçons, amb uns bons cants,
      fan més florida.

V

¡Salve, noble Bearn! ¡Oh tierra franca,
      madre de caballeros
que se jugaban la vida con la espada
      bravuqueando y riendo!
Asomado al airoso balconaje,
de lejos te canté ¡Oh Pirineo!
viendo tus picos, hilera de fantasmas
vestidos de luz sobre el azul del cielo.
      ¡Adiós visión postrera
      de la alta cordillera!
¡Cuán hermosa estar debes,
en invierno, bajo el sol, blanca de nieves!

HIMNO DEL ÁRBOL FRUTAL

Cantemos plantando, plantemos cantando
      que todo es vida.
Los buenos plantones, con buenas canciones
      dan mejor florida.

      En tierra enterrado
      muy pronto ha engordado
      ¡corre, corre arbusto!
      Los cantos son flores
      los hechos son fruto.
      Démosle el buen día
      danzando a porfía
      ¡Alza, aire, aire!
      Su pronto retornar
      no se hará esperar.

      ¡Ay, cuánta verdura!
      ¡Ay, cuánta espesura!
      ¡Mira, mira, mira!
      Todo él es dulzura
      el viento murmura.
      Como él, hermanos
      creceremos sanos.
      Que lluvia y sol vivan
      y los chicos crezcan.
      ¡Juventud, arriba!

Cantemos plantando, plantemos cantando
      que todo es vida.
Los buenos plantones, con buenas canciones
      dan mejor florida.

HIMNE IBÈRIC

I

Cantàbria! som tos braus mariners
cantant en mig les tempestats:
la terra és gran, el mar ho és més,
i terra i mar són encrespats.
La nostra vida és lluita,
el nostre cor és fort.
ningú ha pogut tos fills domar:
només la mort, només la mort,
la neu dels cims, el fons del mar.

II

La dolça Lusitània—a vora del mar gran,
les ones veu com vénen—i els astres com se'n van:
somnia mons que brollen—i mons que ja han fugit.
Li van naixent els somnis—de cara a l'infinit.
Perxò està trista—però amb dolor:
Lusitània! Lusitània!
Esperança... amor...

III

De les platges africanes
   ha vingut la gran cremor,
i els jardin d'Andalusia
   han florit amb passió.
Flor vermella en cabell negre
   ulls de foc i cos suau,
ets la terra de les danses
   perfilant-se en el cel blau.
Canta, canta Andalusia,
   el teu gran esllanguiment,
i en el vi de tes collites
   do'm a beure el sol ardent.

IV

Al crit de la tramuntana,—ballem la sardana
a vora el mar blau:
davant la neu del Pirineu
sentint llunyans—uns altres cants...
Cap viu! Catalans,
s'anuncia el gran esdevenir.
Vindrà pels cims—vindrà pel mar:
a tot arreu hem d'acudir
a punt per viure i per morir,
per greu sofrir... per triomfar!

V

UNA VEU

Sola, sola en mig dels camps,
terra endins, ampla és Castella.
Y està trista, que sols ella
no pot veure els mars llunyans.
Parleu-li del mar, germans!

HIMNO IBÉRICO

I

¡Cantabria! somos tus bravos marineros
cantando en medio de los temporales:
grande es la tierra, el mar no menos,
y tierra y mar bravos iguales.
La nuestra vida es luchar;
nuestro corazón es fuerte,
nadie ha podido tus hijos domar:
sólo la muerte, sólo la muerte,
la nieve de las cimas, y el fondo del mar.

II

La dulce Lusitania—a orillas del gran mar,
ve acercarse a las olas—y a los astros marchar;
sueña mundos que nacen—y mundos que han huido.
La van naciendo sueños—de cara al infinito.
Por eso está tan triste—y con tanto dolor:
¡Lusitania! ¡Lusitania!
Esperanza... amor...

III

De las playas africanas
   ha llegado el gran ardor,
los jardines andaluces
   han florido con pasión.
Flor roja, cabello negro
   eres el país del baile,
cuerpo suave, ojos de fuego,
   perfilas sobre el azul del aire.
Canta, canta, Andalucía
   canta tu gran languidez,
del vino de tus vendimias
   tu ardiente sol beberé.

IV

Al grito de la tramontana,—bailemos la sardana
a orillas del mar azul:
ante el Pirineo nevado
sintiendo otros cantos lejanos.
¡Ojo alerta, catalanes!
el gran porvenir se anuncia.
Vendrá por los montes,—vendrá por el mar:
a todas partes debemos acudir
a vivir dispuestos, también a morir,
para sufrir mucho... ¡para triunfar!

V

UNA VOZ

Sola, en medio de los campos,
tierra adentro, ancha es Castilla.
Y está triste: sólo ella
no ve los mares lejanos.
¡Habladle del mar, hermanos!

El mar és gran, i es mou, i brilla i canta,
dessota els vents bramant en fort combat,
és una immensa lluita ressonanta,
és un etern daler de llibertat.
Guaitant al mar els ulls més llum demanen,
bevent sos vents els pits se tornen braus;
anant al mar els homes s'agermanen,
venint del mar mai més seran esclaus.
Terra entre mars, Ibèria, mare aimada,
tots els teus fills te fem la gran cançó.
En cada platja fa son cant l'onada,
mes terra endins se sent un sol ressò,
que de l'un cap a l'altre a amor convida
i es va tornant un cant de germanor;
Ibèria! Ibèria! et ve dels mars la vida,
Ibèria! Ibèria! dóna als mars l'amor.

El mar es grande, y se mueve, y brilla, y canta,
y en fuerte combate brama, bajo los vientos del cielo,
es una inmensa lucha resonante,
de libertad es un inmenso anhelo.
Mirando al mar, los ojos más luz demandan;
bebiendo sus vientos, los pechos se hacen bravos;
yendo a la mar, todos los hombres se hermanan;
viniendo del mar, jamás serán esclavos.
Tierra entre mares, Iberia, madre amada,
todos tus hijos creamos tu canción.
En cada playa distinta es la tonada
mas, tierra adentro, se oye el mismo son,
que de un extremo al otro a amor convida
y va volviéndose un canto de hermandad.
¡Iberia! ¡Iberia! te viene del mar la vida,
¡Iberia! ¡Iberia! dale al mar tu amistad.

LA DIADA
DE SANT JORDI

D'un llibre de lectura

La diada de Sant Jordi
és diada assenyalada
per les flors que hi ha al mercat
i l'olor que en fan els aires,
i les veus que van pel vent:
"San Jordi mata l'aranya".
L'aranya que ell va matar
tenia molt mala bava,
teranyinava les flors
i se'n xuclava la flaire,
i el mes d'abril era trist
i els nens i nenes ploraven.
. . . .
Quan el Sant hagué passat
tot jardí se retornava:
perxó cada any per Sant Jordi
és diada assenyalada
per les flors que hi ha al mercat
i l'olor que en fan els aires.

LA FIESTA
DE SAN JORGE

Es la fiesta de San Jorge
una fiesta señalada
por las flores del mercado
y el olor que hay en los aires,
y las voces en el aire:
"San Jorge mata la araña".
La araña que él mató
tenía muy mala baba,
telarañaba las flores
y su perfume chupaba
y el mes de abril era triste,
niños y niñas lloraban.
. . . .
Cuando el santo hubo pasado
el jardín se recobraba :
por esto es cada año
por San Jorge fiesta clara,
por las flores del mercado
y el olor que hay en los aires.

A MUNTANYA

M'agrada el balcó gran de la muralla
quan la gent de la vila hi va a badar,
i amb ull ja quasi incommovible aguaita
el pas de la llunyana tempestat.

Passa la tempestat esgarrifosa
per damunt de la serra allà al davant,
tremolant de llampecs, silenciosa
per la gent de la vila i la del pla.

Com hi deu ploure en les profondes gorges
i en els plans solitaris de les valls!
Prou l'huracà els assota aquells cims nusos
i peta l'aigua en aquells rocs tan grans;
s'astoren els ramats, el pastor crida,
i algun avet cau mig partit pel llamp!

Però en el balcó gran de la muralla
no se sent res: la gent hi va a badar,
i amb ull ja quasi incommovible aguaita
el pas de la llunyana tempestat.

EN LA MONTAÑA

Me agrada el gran balcón de la muralla
cuando la gente va allí a curiosear,
y con ojo casi inconmovible mira,
el paso de la lejana tempestad.

Pasa la tempestad tan horrorosa
por encima de la sierra que allí está,
temblando de relámpagos; silenciosa,
para la gente del llano y la ciudad.

¡Cómo debe estar lloviendo en las profundas
quebradas y en los valles solitarios!
En las desnudas cimas azota el huracán
y el agua restalla en las grandes rocas;
se azaran los rebaños, el pastor grita
y, partido por el rayo, algún abeto cae.

Pero en el balcón grande de la muralla
nada se oye: la gente va a mirar,
y con ojo ya casi inconmovible mira
el paso de la lejana tempestad.

PER LA BOIRA

Oh! boira, encantament de les muntanyes,
que et deixes travessar d'una llum dolça,
evocadora de clotades pàl.lides
i de poblats llunyans que es desensonyen
i s'acosten rient assoleiant-se...
Oh! boira que amb el sol tota t'aclares,
i que tu tota sola t'obscureixes
i t'omples dels rumors de la tempesta...

ENTRE LA NIEBLA

¡Oh niebla!, encanto de las montañas,
que te dejas cruzar por la luz dulce,
evocadora de hondanadas pálidas
y de poblados lejanos que despiertan
y se acercan riendo, soleándose...
¡Oh niebla!, que con el sol te aclaras
y que tú misma, sola, te oscureces
y te llenas del rumor del temporal...

141

151

LA GINESTA

Floriu, floriu, ginesteres,
dalt dels monts, davant del mar,
enceneu-se com fogueres
al sagrat de cada llar.

Les fogueres catalanes
ja flamegen dalt del cim:
són les flames sobiranes
d'aquell foc que tots tenim.

Per la costa, a grans esteses,
tot el ginestar fa llum:
les candeles són enceses,
totes flaire i sense fum;

Una llum que llença flaire
des dels monts avall al mar,
i de l'aire en fa el nostre aire
que és tan bo de respirar.

En la flor de la ginesta
Catalunya m'ha parlat;
m'ha parlat de la gran festa
de la nostra llibertat.

LA RETAMA

Floreced, floreced, retamas,
en los montes, ante el mar,
encendeos cual fogatas
al sagrado del hogar.

Las fogatas catalanas
en las cimas ya flamean:
son las llamas soberanas
de aquel fuego que tenemos.

Por la costa, extendidas,
todo el retamar es luz:
las candelas encendidas
todas olor y sin humo.

Una luz que olor esparce
desde el monte hasta el mar,
y del aire hace nuestro aire
tan bueno de respirar.

En la flor de la hiniesta
Cataluña supo hablar;
me ha hablado de la gran fiesta
de nuestra libertad.

LES ROSES FRANQUES

He vist unes roses—d'un vermell pujat,
d'un vermell negrós—d'un vermell morat.
Penjaven gronxant-se—del mur d'un jardí;
ningú les pot heure—no es poden collir;
són les roses lliures—de la servitud,
són les roses franques,—no paguen tribut.
Ni de baix s'abasten—ni de dalt estant;
el gipó o el gerro—no se'n gaudiran.
Brillâ al sol veuran-les—des de lluny la gent,
donaran la flaire—al bon grat del vent;
mes cap mà atrevida—les apomarà
ni alenada humana—les mustigarà.
No, com les flors altres,—són de qui les vol:
són lliures, són pures,—són del vent i el sol.
Passaran la vida—gronxant-se i rient
i abrusades se les emportarà el vent.

LAS ROSAS FRANCAS

He visto unas rosas—de un rojo subido,
de un rojo morado—casi ennegrecido.
Colgadas de un muro—las veo mecer,
no hay quien las alcance—ni pueda coger;
son las rosas libres—son, en absoluto,
unas rosas francas:—no pagan tributo.
De abajo no alcanzo—tan altas están,
ni jubón ni jarro—de ellas gozarán.
Al sol brillar venlas,—de lejos, la gente,
a placer del aire—su olor se siente.
No hay mano atrevida—que pueda agruparlas
ni habrá aliento humano—para mustiarlas.
No son de quien quiere—flores, al momento:
son libres, son puras—son del sol y el viento.
Pasarán la vida—en columpio y risa,
hasta que, agostadas,—las lleve la brisa.

DEL MONTSENY

Aquell encantament de cap al tard
(allà en els plans més alts,
al peu dels cims augustes
del colô esmortuït de l'hora baixa)
me reprèn i em rodona
la tristesa feconda.
Ai! Altes soletats, que en sou, de dolces
amb els herbatges verds
on canta l'esquellot de la ramada,
i el bosc silenciós
i la masia lassa!...
Després ja hi anirem, a la masia;
mes ara els cims davant descolorint-se,
i al costat l'amic febrós
que en la gran quietud de l' hora baixa
me parla amb la veu velada
per una febre divina.
Passa una àliga al cel
que sembla que amb son vol l'espai s'eixampla,
i tot resta més buit i més quiet
quan s'ha perdut enllà. La fosca avança.
A davant i al peu dels cims
hi ha una casa abandonada;

entra la fosca per la porta oberta
i sols troba el silenci
arrupit pels recons de les estades,
i al bell mig del corral,
i al peu de les escales,
fins en la llar del foc,
Déu meu! allí el silenci.
En la llar, on he vist tantes vegades
enfeinada ajupir-se
amb gran humilitat, més no sens gràcia,
la bona dona, que el marit la mira
fent saltâ en els genolls el nen d'ulls grossos,
encantats en el foc que els il.lumina,
mentres el calderó ronca en les flames!
En la llar la tenebra i el silenci!
Déu meu! Anem, anem a la masia:
encara hi serem a temps
pel retorn de les ramades
que belen amb cent bels;
les esquenes ondulen, i per sobre
regna el vailet que ens dirà el nom de totes,
adornant cada nom amb forta rialla.
Aquella veu grave i sonora
del nin de les muntanyes!
Anem a la masia:
encar serem a temps que la donzella
canti a la porta al darrer raig del dia
que fa vermell son llavi...

DEL MONTSENY

Aquel encantamiento del atardecer
(allá, en los más altos llanos,
al pie de las augustas cimas
del color mortecino de la tarde)
se me reanuda y redondea
la tristeza fecunda.
¡Ay!, altas soledades, cuán dulces sois
con los herbajes verdes
donde canta la esquila del rebaño,
y el bosque silencioso,
y la masía lasa!...
Ya iremos después a la masía;
pero ahora, ante las cimas que palidecen,
y junto al amigo febril
que en la gran quietud de la tarde
me habla con voz velada
por una fiebre divina.
Cruza un águila el cielo
y parece que, con su vuelo, el espacio se ensancha
y todo queda más vacío y más quieto
cuando se perdió a lo lejos. La oscuridad avanza.
Delante y al pie de los cerros
hay una casa abandonada;
la oscuridad penetra por la puerta abierta

y sólo encuentra el silencio
agachado en los rincones de las estancias
y en medio del corral,
y al pie de las escaleras,
incluso en el hogar.
¡Dios mío. ¡Allí el silencio!
En el hogar, donde he visto tantas veces
agacharse atareada,
con gran humildad, pero no sin gracia,
la buena mujer a la que el marido mira
haciendo saltar sobre sus rodillas al niño de ojos grandes
hechizados por el fuego que los ilumina,
en tanto ronca, sobre las llamas, el caldero,
¡En el hogar la tiniebla y el silencio!
¡Dios mío! Vamos a la masía, vamos;
llegaremos a tiempo todavía
para el regreso de la manada
que bala con cien balidos;
ondulan los lomos, y el rapaz, que reina
por encima, nos dirá el nombre de todas
adornando cada nombre con una risotada.
¡Qué voz grave y sonora
la del rapaz de las montañas!
Vamos a la masía:
todavía a tiempo llegaremos de que la muchacha
cante a la puerta al último rayo del día
que vermellea su labio...

L'EMPORDÀ

Cap a la part del Pirineu,
vora els serrats i a ran del mar,
s'obre una plana riallera:
    és l'Empordà.

Digueu, companys, per on hi aneu?
digueu, companys, per on s'hi va?
—Tot és camí, tot és drecera,
    si ens dem la mà.

Salut! noble Empordà!
Salut! palau del vent!
Portem el cor content,
    i una cançó.

Pels aires s'alçarà;
pels cors penetrarà,
penyora s'nirà fent
    de germanor.
        —Una cançó!

A dalt de la muntanya hi ha un pastor;
a dintre de la mar hi ha una sirena;
ell canta al dematí que el sol hi és bo,
ella canta a les nits de lluna plena.
Ella canta:—Pastor, me fas neguit.—
canta el pastor:—Me fas neguit, sirena.—
—Si sabesses el mar com és bonic!
—Si sabesses la llum de la carena!

—Si hi baixesses series mon marit.
—Si hi pugesses ma joia fóra plena.
—Si sabesses el mar com és bonic!
—Si sabesses la llum de la carena!

La sirena se féu un xic ençà,
i un xic ençà el pastor de la muntanya,
fins que es trobaren al bell mig del pla,
i de l'amor plantaren la cabanya...
    Fou l'Empordà.

EL AMPURDÁN

Hacia la parte del Pirineo,
cerca los montes, junto al mar,
se abre un valle sonriente:
    el Ampurdán,

Compañeros decid, ¿por dónde vais?;
compañeros decid, ¿cómo se va?
—Todo es camino, todo es atajo,
    si la mano os dais.

¡Salud, noble Ampurdán!
¡Salud, palacio del viento!
Llevamos el corazón contento
    y una canción.

Por los aires se alzará,
los corazones penetrará
y se irá haciendo
prenda de hermandad.
        Una canción.

Arriba, en la montaña, hay un pastor;
y dentro de la mar una sirena:
él canta por la mañana al buen sol,
ella canta en las noches de luna llena.
Ella canta: —Me inquietas pastorcito.—
canta el pastor: —Tú me inquietas sirena.—
—¡Si supieras el mar cómo es bonito!
—¡Si supieras las luces de la sierra!

—Si bajases, fueras mi maridito.
—Si subieras mi gloria fuera plena.
—¡Si supieras el mar cómo es bonito!
—¡Si supieras las luces de la sierra!

La sirena se echó un poco acá
y un poco acá el pastor de la montaña
hasta que en el valle se fueron a encontrar
y del amor plantaron la cabaña...
    Fue el Ampurdán.

DEL MONTJUÏC

EN LA TOMBA NOVA D'EN VERDAGUER

Vull dir-vos el moment de gran bellesa:
a dalt de la muntanya
de mala anomenada...
però a davant del mar,
alçaren el poeta,
adormit ja per sempre
en la caixa de morts,
per a posar-lo en un sepulcre nou.

La caixa fou alçada
damunt de la gentada:
els ulls s'estemordien
tement-se un horror gros...
La caixa era corcada,
mes s'alçà curullada
de ginestes i altres flors.
Oh! Quina meravella
en l'hora tan bella de posta del sol,
per damunt de la gentada
veure aquella caixa alçada,
i el poeta en flors en ella
com un nin dintre el bressol.

Oh Montjuïc, muntanya afortunada!
Dessota de ta mala anomenada
hi hem deixat, amb grans plors,
el cos del poeta que sobreïx en flors.

La tomba és la roca viva:
les eures s'hi enfilaran,
i al dessobre de les eures
els aucells hi cantaran.
Cada matinada
hi caurà rosada;
cada dematí,
cançons a desdir;
ditxós el poeta que les pot sentir
dins la fresca obaga!

El sol i la lluna
hi aniran passant,
el sol i la lluna, i el mar al davant.
Dorm, poeta, dorm, que els aucells ja canten:
tu, que aimaves tant i tant
els bells cants, seràs feliç
i faràs aquell somrís...
Per la gràcia del somrís,
has entrat en paradís.

MONTJUÏC

ANTE LA TUMBA NUEVA DE VERDAGUER

Quiero deciros un momento que fue de gran belleza:
Arriba, en la montaña
de mala nombradía...
pero frente al mar,
alzaron al poeta,
ya para siempre
en su ataúd dormido,
para ponerlo en un sepulcro nuevo.

Fue alzado el ataúd
sobre la multitud:
sobrecogió los ojos
el miedo a un gran horror...
La carcomida caja
se levantó colmada
de retama y de flor.
Mas, ¡oh qué maravilla!
en la hora tan bella del atardecer
ver por encima del gentío
aquel féretro alzado
con el poeta dentro, de flores rodeado,
como si fuera un niño en su cuna dormido!

¡Oh Montjuic mi monte afortunado!
Debajo de tu mala nombradía,
entre llantos el cuerpo hemos dejado
del poeta que entre flores resurgía.

La tumba es en roca viva:
las yedras se empinarán
y encima de la yedra
los pájaros cantarán.
Cada amanecida
el rocío envía;
cada madrugada,
cantos a porfía;
dichoso el poeta que los puede oír
en la fresca umbría!

El sol y la luna
estarán presentes,
el sol y la luna, y la mar enfrente.
Duerme poeta, duerme, ya cantan las aves:
tú que amabas tanto su cantar ya sabes,
su cantar preciso
tu sonrisa irisa...
Por gracia de tu sonrisa
entraste en el paraíso.

REPRESA

A l'hivern, sota el sol, blanca de neu,
com visió més llunyana i més formosa,
jo t'he vist resplendir en l'aire clar
des dels cims de la meva Barcelona,
on tots els ametllers ja són florits
davant del mar brillant fins a Mallorca.

RETORNO

En invierno, bajo el sol, blanca de nieves,
como visión más lejana y más hermosa,
te vi resplandeciendo al aire claro
desde los cerros de mi Barcelona,
donde todos los almendros ya florecen
delante el mar brillante, hasta Mallorca.

LA FAGEDA D'EN JORDA

Saps on és la fageda d'En Jordà?
Si vas pels volts d'Olot, amunt del pla,
trobaràs un indret verd i profond
com mai cap més n'hagis trobat al món:
un verd com d'aigua endins, profond i clar;
el verd de la fageda d'En Jordà.
El caminant, quan entra en aquest lloc,
comença a caminar-hi a poc a poc;
compta els seus passos en la gran quietud
s'atura, i no sent res, i està perdut.
Li agafa un dolç oblit de tot lo món
en el silenci d'aquell lloc profond,
i no pensa en sortir, o hi pensa en va:
és pres de la fageda d'En Jordà,
presoner del silenci i la verdor.
Oh companyia! Oh deslliurant presó!

EL HAYEDO DE JORDÁ

¿Sabes por dónde está de Jordá el hayedo?
Más arriba del llano, de Olot al ruedo,
hallarás un lugar, verde y profundo,
como nunca jamás lo haya en el mundo:
un verde de agua adentro, profundo y quedo,
es el verde que Jordá tiene en su hayedo.
El caminante, cuando entra en tal sitio,
empieza a caminar más despacito;
va contando los pasos, no hace ruido,
se para, no oye nada, y está perdido.
Le coge un dulce olvido de todo el mundo,
en el silencio de aquel lugar profundo
y no quiere salir ni piensa en eso
del hayedo de Jordá, se siente ahora,
de su silencio y su verde, igual que preso.
¡Oh compañía! ¡Oh cárcel liberadora!

LA SARDANA

CERES

I

La sardana és la dansa més bella
de totes les danses que es fan i es desfan;
és la mòbil magnífica anella
que amb pausa i amb mida va lenta oscil·lant.
Ja es decanta a l'esquerra i vacil·la,
ja volta altra volta a la dreta dubtant,
i se'n torna i retorna intranquil·la,
com mal orientada l'agulla d'imant.
Fixa's un punt i es detura com ella...
Del contrapunt arrecant-se novella,
        de nou va voltant.
La sardana és la dansa més bella
de totes les danses que es fan i es desfan.

II

Els fadrins, com guerrers que fan via,
ardits la puntegen; les verges no tant;
mes, devots d'una santa harmonia,
tots van els compassos i els passos comptant.
Sacerdots els diríeu d'un culte
que en mística dansa se'n vénen i van
emportats per lo símbol oculte
de l'ampla rodona que els va agermanant.
Si el contrapunt el bell ritme li estrella,
para's, suspesa de tal meravella...
        El ritme tornant,
la sardana és la dansa més bella
de totes les danses que es fan i es desfan.

III

El botó d'eixa roda, quin era
que amb tal simetria l'anava centrant?
Quina mà venjativa i severa
buidava la nina d'aquest ull gegant?
Potsê un temps al bell mig s'hi apilaven
les garbes polsoses del blat rossejant,
i els suats segadors festejaven
la pròdiga Ceres saltant i ballant...
Del contrapunt la vagant cantarella
és estrafeta passada d'aucella
        que canta volant:
la sardana és la dansa més bella
de totes les danses que es fan i es desfan.

LA SARDANA

CERES

I

La sardana es la danza más bella
de cuantas hoy día se siguen danzando;
es la móvil, magnífica anilla
que con pausa y medida va lenta oscilando.
Ya se inclina a la izquierda y vacila,
ya otra vez a la derecha dudando,
y se vuelve y revuelve intranquila
como aguja de imán vacilando.
Fija un punto y se fija cual ella...
Del contrapunto de nuevo arrancando,
        otra vez va rodando.
La sardana es la danza más bella
de cuantas hoy día se siguen danzando.

II

Cual guerreros que siguen su vía,
puntean los mozos, las mozas no tanto;
mas, devotos de santa armonía,
compases y pasos seguirán contando.
Sacerdotes diríais de un culto
que en mística danza se vienen y van;
les arrastra el símbolo oculto
de los amplios cercos que hermanándoles van.
Si del contrapunto el ritmo se estrella,
de tal maravilla suspensa se queda...
        Al ritmo tornando:
la sardana es la danza más bella
de cuantas hoy día se siguen danzando.

III

El botón de esta rueda ¿cuál era
que con tal simetría la había centrado?;
y ¿cuál fue la mano vengativa y severa,
que de ojo gigante la niña ha vaciado?
Puede que en un tiempo, allí se apilaban
las gavillas secas del trigo dorado,
y los segadores sudados festejaban
la pródiga Ceres, saltando y bailando...
Del contrapunto la vaga cantinela
el gorgeo del pájaro remeda
        mientras va volando:
La sardana es la danza más bella
de cuantas hoy día se siguen danzando.

IV

No és la dansa lasciva, la innoble,
els uns parells d'altres desaparellant:
és la dansa sencera d'un poble
que estima i avança donant-se les mans.
La garlanda suaument se deslliga;
desfent-se, s'eixampla, esvaint-se al voltant;
cada mà, tot deixant a l'amiga,
li sembla prometre que ja hi tornaran.
Ja hi tornaran de parella en parella!
Tota ma pàtria cabrà en eixa anella,
    i els pobles diran:
la sardana és la dansa més bella
de totes les danses que es fan i es desfan.

IV

No es ésta la danza, innoble y lasciva,
que apareja o deja desaparejados:
es la danza entera de un pueblo que estima
y avanza danzando dándose las manos.
La guirnalda hecha, suave se desliga;
después de ensancharle, deshaciendo van;
así cada mano, dejando a la amiga,
prometer parece, que ya volverán.
Ya volverán de pareja en pareja.
Y toda mi patria cabrá en la madeja
y todos los pueblos seguirán aclamando:
La sardana es la danza más bella
de cuantas hoy día se siguen danzando.

CANT DE LA BANDERA

Jo só la flor d'aquella primavera
que els pobles fa reviure i reverdir.
Jo tinc tota la saba de la terra;
tota la llum del cel reflecta en mi.

Els meus colors són vius; la meva flaire
és la sentor de pàtria i llibertat:
forta em desplego retronant en l'aire,
gala en la pau i fúria en el combat.

Porteu-me alta i aixequeu-me dreta
al damunt vostre i marxant sempre avant,
i al vostre cor teniu-me ben estreta,
que el vent és fort i Catalunya és gran.

CANTO A LA BANDERA

Yo soy la flor de aquella primavera
que al pueblo reverdece y hace revivir.
Llevo toda la savia de la tierra;
toda la luz del cielo reflejada en mí.

Mis colores son vivos; mi donaire
es el olor de patria y libertad:
fuerte me agito atronando el aire,
gala en la paz y furia en el luchar.

Llevadme alta y levantadme enhiesta
encima vuestro, marchando siempre avante,
y en vuestro corazón llevadme muy estrecha
que el viento es fuerte y Catalunya es grande.

EL CANT DE LA SENYERA

Al damunt dels nostres cants
aixequem una Senyera
que els farà més triomfants.

Au, companys, enarborem-la
en senyal de germandat!
Au, germans, al vent desfem-la
en senyal de llibertat.
Que voleï! Contemplem-la
en sa dolça majestat!

Oh bandera catalana!,
nostre cor t'és ben fidel:
volaràs com au galana
pel damunt del nostre anhel:
per mirar-te sobirana
alçarem els ulls al cel.

I et durem arreu enlaire,
et durem, i tu ens duràs:
voleiant al grat de l'aire,
el camí assenyalaràs.
Dóna veu al teu cantaire,
llum als ulls i força al braç.

EL CANTO DE LA BANDERA

Encima de nuestros cantos
alcemos una Bandera
que los hará más triunfantes.

Venga amigos, ¡levantémosla
como señal de hermandad!
Venga hermanos, al viento abrámosla
en señal de libertad.
¡Que volee! ¡Contemplémosla
en su dulce majestad!

¡Oh bandera catalana
nuestro amor es bien sincero,
vuelas cual ave galana
encima de nuestro anhelo;
para verte soberana
alzamos ojos al cielo.

Por todo te llevaremos
y tú nos conducirás:
por el aire tu voleo
el camino marcarás.
A tu cantor, marca el paso:
dale luz y fuerza al brazo.

LA NOSTRA BANDERA

Alcem els cors, que ja tenim bandera
enarborada sota el nostre cel.
En nostres mans ha nat com rosa vera,
la flô en l'espai, prô en nostre pit l'arrel.

Els bells colors ha desplegat en l'aire;
l'amor hi lluu en l'or barrat de sang;
escampa arreu la poderosa flaire
amb què reneix un poble fort i franc.

Agermanats per ella en pau i en guerra
marxem contents per viure i per morir.
Santa és ta causa, catalana terra;
bell és el seny en què ha volgut florir.

Oh, Catalunya! nostra mare aimada.
Viurem fidels al seny del teu amor.
Si cal morir servant la flor sagrada,
caurem contens bo i estrenyent-la al cor.

NUESTRA BANDERA

Alcemos los corazones, ya tenemos bandera
enarbolada siempre bajo nuestro cielo.
Nació en nuestras manos como una rosa vera
la flor en el espacio, la raíz en el pecho.

Sus hermosos colores al aire ha desplegado;
el amor brilla en el oro que la sangre barra;
el perfume potente por todo ha esparcido
de una tierra que renace, noble y franca.

Hermanados por ella en paz y en guerra
caminemos contentos a vivir y vencer.
Sagrada es tu causa, catalana tierra:
y bello es el criterio que te hace florecer.

¡Oh Cataluña! ¡Oh nuestra madre amada!
presos en tu amor, fieles viviremos,
y si hay que morir por esta flor sagrada
sobre el pecho apretándola, alegres moriremos.

Juan Antonio Fernández

Comentaris   Comentarios
a les   a las
fotografíes fotografías

9 En una de les més belles canals del Pirineu lleidatà, s'enlaira l'esbelta torre de Sant Climent de Taüll, del 1123, joia destacada del romànic català.

En una de las más bellas acanaladuras del Pirineo leridano, sube la esbelta torre de San Clemente de Tahull, de 1123, joya destacada dentro del románico catalán.

12-13 L'Ametlla de Mar, a la zona baixa del litoral tarragoní, evoca plenament la vila marinera d'antany. Els gruixuts dics no han robat l'estampa de les cases lluminoses que aixoplugaven les aigües fosques de la rada, les barques de panxes clares i les xarxes de color corinti, els homes i les dones enfeinats en el tràfec dels arts...

Ametlla de Mar, en la zona baja del litoral tarraconense, evoca muy señeramente la villa marinera de antaño. Los macizos malecones no han robado la estampa de sus casas luminosas cobijando las aguas oscuras de la rada, sus cerqueros de cascos claros y redes de color corinto, sus hombres y mujeres afanándose en el trasiego de los artes...

16-17 En l'àpex de tota la construcció hi haurà el petit xiquet que aixeca el braç com la bandera d'un edifici acabat de fer. Sota, a la pinya, la base o fonament dels pilars humans, l'esforç conjugat i precís de dotzenes de cames i de braços.

En el ápice de toda la construcción aparecerá el pequeño *xiquet* que levanta el brazo como la bandera de un edificio recién terminado. Abajo, en la «piña», la base o cimiento de los pilares humanos, el esfuerzo conjugado y preciso de docenas de piernas y brazos.

10-11 La Catalunya mediterrània, fins i tot tòrrida en la Lleida que s'engalza amb els àrids Monegros, es torna gelada i alpina pels cantons pirinencs. El massís de Beret assoleix alguns anys mínims europeus, i les valls més septentrionals entren fàcilment a la primavera sota el mantell pulcre de la neu.

La Cataluña mediterránea, hasta tórrida en esa Lérida que ensambla con los áridos Monegros, se torna helada y alpina en sus bordes pirenaicos. El macizo de Beret alcanza algunos años mínimos europeos, y los valles más septentrionales entran fácilmente en la primavera bajo el manto pulcro de la nieve.

14-15 Montserrat és, en conjunció inseparable, una muntanya, una Verge i un monestir. Una muntanya clara amb festons de columnes rosades; una Verge morena, vocació i gràcia de tota Catalunya, in un monestir grandiós, història viva d'abats venerables.

Monserrat es, en conjunción inseparable, una montaña, una Virgen y un monasterio. Una montaña clara con festones de columnas rosadas; una Virgen morena, vocación y gracia de Cataluña entera; y un monasterio grandioso, historia viva de abades venerables.

18-19 Tot i que de dubtosos orígens, la província de Tarragona, i més encara les ciutats de Valls i del Vendrell, semblen ostentar una clara primacia de tradició i bon fer entre els famosos Castellers de tota Catalunya. Imatges de les colles Jove i Vella de Valls durant les festes de Sant Joan.

Aunque de inciertos orígenes, la provincia de Tarragona, y más aún las ciudades de Valls y Vendrell, parecen ostentar una clara primacía de tradición y buen hacer entre los famosos *Castellers* de toda Cataluña. Imágenes de las collas *Jove* y *Vella* de Valls durante las fiestas de San Juan.

20-21 El poblet d'Arsèguel, recolzat al peu de la Serra del Cadí, sota les últimes neus del Pirineu lleidatà.

El pueblecito de Arseguell, recostado en las faldas de la Sierra del Cadí, bajo las últimas nieves del Pirineo leridano.

24-25 Les bodegues de Sant Sadurní d'Anoia són les primeres en producció mundial de vins de cava. Avui, caves com les de Codorníu, a les quals pertanyen aquestes imatges, exporten els seus "Bruts" envellits a més d'un centenar de països de tot el món.

Las bodegas de San Sadurní de Noya son las primeras en producción mundial de vinos de cava. Hoy, cavas como las de Codorníu, a las que pertenecen estas imágenes, exportan sus "Brut" envejecidos a más de un centenar de países de todo el mundo.

28-29 Alimentat per aigües del riu Llierca, a través de filtracions per sòls càrstics, el llac de Banyoles, de 2.270 metres de llarg per 770 d'ample i profundes i netíssimes aigües, permet la pesca de diverses espècies i el rem professional i de competició.

Alimentado por aguas procedentes del río Llierca, a través de filtraciones por suelos cársticos, el lago de Bañolas, de 2.270 metros de longitud por 770 de anchura y profundas y limpísimas aguas, permite la pesca de varias especies y el remo profesional y de competición.

22-23 "Són ceps de monjos. Per a vi dolç, el de beneir". Deia aquell pagès d'Os de Balaguer que mirava el camp albí i sec amb els braços creuats en la impotència hivernal. Sí, aquests ceps alts com parres, raquítics, amb els pelats troncs salmons ordenats sobre el llenç blanc de l'última nevada, pertanyen al vell monestir de Bellpuig de les Avellanes, fundat el segle XII.

"Son vides de monjes. Para vino dulce, el de consagrar". Decía aquel labriego de Os de Balaguer que miraba el campo albino y seco con los brazos cruzados en la impotencia invernal. Sí, estas cepas altas como parrales, raquíticas, en lo escueto de sus troncos salmones, ordenadas sobre el lienzo blanco de la última nevada, pertenecen al viejo monasterio del Bellpuig de las Avellanas, fundado en el s. XII.

26-27 Les muralles de Tarragona han anat recollint a les seves capes els avatars de la seva història: ciclòpics blocs ibèrics com ciment, perfectes silleries romanes, i la secular obra de l'època medieval. Pedres milenàries que avui s'obren en finestrals lluminosos a la pau del Mediterrani. A l'altra pàgina, l'aqüeducte romà de la ciutat.

Las murallas de Tarragona han ido recogiendo en la altura de sus lienzos los avatares de su larga historia: ciclópeos bloques ibéricos como cimientos, perfectos sillares romanos, y la secular obra del medievo. Piedras milenarias que hoy se abren en ventanales luminosos a la paz del Mediterráneo. En la otra página, el acueducto romano de la ciudad.

30-31 La gent marinera sempre absorta entre barques i xarxes, com forana al món, mirant gairebé només allò que fan, semblen portar en ells i en les seves coses el profund misticisme del mar.

La gente marinera, siempre absorta entre sus barcos y sus redes, como ajena al mundo, apenas mirando más que lo que hacen, parecen llevar en ellos y en sus cosas el profundo misticismo del mar.

32-33 Xarxes; xarxes estibades sobre les cobertes dels bous, com suaus muntanyes de carenes marrons; xarxes escampades sobre la grassa marina dels molls; xarxes que se solegen i pengen de les pedres dels dics; xarxes entre mans marineres; xarxes esteses de relleus capritxosos, ondulades en una mar de malles confuses.

Redes; redes estibadas sobre las cubiertas de los *bous,* como suaves montañas de carenas marrones; redes esparcidas sobre la grasa marina de los muelles; redes que se solean y cuelgan de los pretiles de los malecones; redes entre manos marineras; redes extendidas, de relieves caprichosos, onduladas en un mar de mallas confundidas.

36-37 Nascut als llunyans turons de Reinosa, l'Ebre va vessant el seu cabal en l'ampli delta al sud de Tarragona. Terres baixes, al.luvionals, creuades per canals, idònies per al cultiu de l'arròs. Després de la collita, els sòls queden coberts de llacunes mortes esquitxades de melangioses palletes.

Nacido en los lejanos montes de Reinosa, el Ebro va derramando su enorme caudal en el amplio delta al sur de Tarragona. Tierras bajas, aluvionales, cruzadas por cauces y canales; idóneas para el cultivo arrocero. Tras la recolección quedan los suelos cubiertos de lagunas muertas salpicadas de melancólicos pajucos.

40 La Seu Antiga, Monument Nacional des de 1918, fou començada i consagrada al segle XIII. En els capvespres, contra el cel rogenc i gris dels crepuscles, Lleida aixeca el perfil inconfusible de la seva catedral i la torre xata.

La Seo Antigua, Monumento Nacional desde 1918, fue comenzada y consagrada en el siglo XIII. En los atardeceres, contra el cielo magenta y gris de los crepúsculos, Lérida alza el perfil inconfundible de su catedral y su torre chata.

34-35 Sota Montjuïc s'estenen els molls portuaris, les caixes gegants dels contenidors que guarden el seu secret en acers multicolors, les férries grues amb les seves siluetes d'aus cansades, els abúlics vaixells adossats a les dàrsenes...

Bajo Montjuich se extienden los muelles portuarios, las cajas gigantescas de los contenedores guardando su secreto en aceros multicolores, las férreas grúas, con sus siluetas de aves agotadas, los abúlicos buques adosados a las dársenas...

38-39 També existeix la Catalunya mansa i franciscana, en la qual sona lúgubre el bramul de la vaca i el bel trist del ramat, on a vegades, en el silenci d'una vessana recollida, se sent el cruixit humit de la reixa de l'arada que talla la carn de la terra.

También existe la Cataluña mansa y franciscana, en la que suena lúgubre el mugido de la vaca y los balidos tristes del pastoreo; donde, a veces, en el silencio de una besana recoleta, se oye el crujido húmedo de la reja de un arado cortando la carne de la tierra.

49 Des de Port-Bou tot el litoral de Girona sembla haver entrat en un conflicte geològic. Les terres s'esquincen i desplomen en la innocència blava del mar, que deixa les aigües en la mansesa de les cales o espetega contra els abismes coronats de pins. A la fotografia, la Costa Brava entre Sant Feliu i Tossa de Mar.

Desde Port Bou todo el litoral de Gerona parece haber entrado en geológico conflicto. Las tierras se desgarran y desploman en la inocencia azul del mar, que deja sus aguas en la mansedumbre de las calas o bate los abismos techados de pinadas. En la foto, la Costa Brava entre San Feliú y Tossa de Mar.

50-51 Calcàries grogues rosegades pel temps en un llenç de les muralles de Tarragona, i aspecte matinal d'unes teulades de Balaguer després d'una lleu nevada.

Calizas amarillas roídas por el tiempo en un lienzo de las murallas de Tarragona, y aspecto matinal de unos tejados de Balaguer tras una ténue nevada.

52-53 La Plaça de Catalunya és el centre geogràfic i viu de Barcelona; aquell punt màgic que a voltes equilibra i harmonitza les grans urbs.

La Plaza de Cataluña es el centro geográfico y vivo de Barcelona; ese punto mágico que a veces equilibra y armoniza las grandes urbes.

54-55 Dos detalls de la genial arquitectura gaudiniana: la fantàstica casa Batlló, al Passeig de Gràcia, amb les torres estirades i les vives superfícies vidriades, com una llar blava d'un món de fades. I aquest racó de columnes en la sublim bogeria del Parc Güell.

Dos detalles de la genial arquitectura de Gaudí: la fantástica casa Batlló, en pleno Paseo de Gracia, con sus torreones estirados y sus vivas superficies vidriadas; como el hogar celeste de un mundo de hadas. Y este rincón de columnas en la sublime locura del parque Güell.

56-57 El Parc Güell representa la més àmplia projecció de la llibertat creativa del romanticisme gaudinià. Aquí Gaudí sembla jugar en l'aire amb els volums, escampar-los verticalment o deixar que es tanquin com per atzar, per després planxar-los en guerxes superfícies de mosaic.

El Parque Güell representa la más amplia proyección de la libertad creativa del romanticismo gaudiano. Aquí Gaudí parece jugar en el aire con los volúmenes, expandirlos verticalmente o dejar que se cierren como por azar, para después plancharlos en alabeadas superficies de azulejerías.

58-59 Miraculosament, Calella de Palafrugell no ha crescut amb el lleig urbanisme vertical que sembla que asfixia i desprecia la terra; les casetes baixes de rodones arcades, vives de llum de calç, gairebé besades en el joc de les ones, s'abracen a un poble de campanars i cigonyes. Calella gairebé no ha prostituït les seves cales breus amb roques de color de blat.

Milagrosamente, Calella de Palafrugell no ha crecido con ese feo urbanismo vertical que parece asfixiar y despreciar la tierra; sus casas bajitas de redondas arcadas, vivas de luz de cal, casi besadas en el juego de las olas, se aprietan contra un pueblo de campanarios y cigüeñas. Calella apenas ha prostituido sus calas breves con rocas de color de trigo.

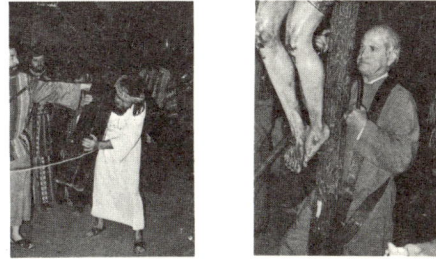

60-61 A Verges, a l'Empordà, es representa cada any durant la matinada del Divendres Sant una de les més valuoses i singulars passions vivents conegudes, Acompanyada per la Dansa de la Mort, la itinerant cerimònia reviu un profund i remot simbolisme.

En Verges, en el Ampurdán, se representa cada año durante la madrugada del Viernes Santo una de las más valiosas y singulares pasiones vivientes conocidas. Acompañada por la Danza de la Muerte, la itinerante ceremonia revive un profundo y remoto simbolismo.

62-63 El monestir de Santa Maria de Poblet, en aquesta terra fonda, rica en vinyes, ametllers i fonts, coneguda per la Conca de Barberà, encara conserva, entre la claustració dels jardins silenciosos, la dolçor de pau melangiosa que visqué en els solemnes segles de l'època medieval.

El monasterio de Santa María de Poblet, en esa tierra honda, rica de vides, almendros y fuentes conocida por Conca de Barberá, aún conserva, entre la claustración de sus jardines silenciosos, esa dulzura de paz melancólica que viviera en los solemnes siglos del medievo.

64-65 Creu de Terme davant del portal de Sant Antoni del recinte emmurallat de Tarragona; i claustre romànic del segle XII al monestir de Santa Maria de Ripoll, a Girona.

Cruz de Término frente al portal de San Antonio del recinto amurallado de Tarragona; y claustro románico del siglo XII en el monasterio de Santa María de Ripoll, en Gerona.

68-69 A l'hivern, les masses d'aigua de la Lleida pirinenca es gelen i es fracturen tot desordenant capritxosament els blancs volums. Unes vegades són llesques immenses com proes de bergantí immaculat, que surten de les profunditats amb un estrèpit de caverna desplomada; altres, el sòl perd absurdament els seus nivells, i sobre la vegetació lacustre es formen diferents pisos de terra nacrada.

En los inviernos, las masas de agua de la Lérida pirenaica se hielan y fracturan, desordenando caprichosamente los blancos volúmenes. Unas veces son lajas inmensas, como proas de bergantines inmaculados, que surgen de las profundidades con un estrépito de caverna desplomada; otras, el suelo pierde absurdamente sus niveles, y sobre la vegetación lacustre se forman distintos pisos de tierra nacarada.

72-73 L'antiga sala capitular del celebèrrim Consell de Cent, creat el segle XIII per Jaume I el Conqueridor, és la més bella, grandiosa i històricament representativa de la vella Catalunya, d'entre totes les que amaga i enriqueixen el magnífic Ajuntament de Barcelona.

La antigua sala capitular del celebérrimo Consejo de Ciento, creado en el siglo XIII por Jaime I El Conquistador, es la más bella, grandiosa e históricamente representativa de la vieja Cataluña de cuantas encierra y enriquecen el magnífico Ayuntamiento de Barcelona.

66-67 A la tardor, quan els primers freds rellisquen pels vessants del Pirineu i els camps preparen el son hivernal, tota l'arbreda decídua sembla-acomiadar-se amb un paradoxal luxe de fullatge multicolor. I Queralbs, al peu de Núria, esquitxada per les darreres neus.

En el otoño, cuando los primeros fríos resbalan por las faldas del Pirineo y los campos preparan su siesta invernal, toda la arboleda decídua parece despedirse con un paradógico lujo de frondas multicolores. Y Caralps, al pie de Nuria, salpicada por las últimas nieves.

70-71 Des de la Plaça de Catalunya, centre neuràlgic de la capital, les dues artèries bàsiques del cor de Barcelona: el Passeig de Gràcia i la Rambla, remontant una el més elegant de l'Eixample, i descendint l'altra per l'alegria floral del Barri Gòtic.

Partiendo de la Plaza de Cataluña, centro neurálgico de la capital, las dos arterias básicas del corazón de Barcelona: Paseo de Gracia y La Rambla, remontando una lo más elegante del Ensanche, y descendiendo la otra por la alegría floral del Barrio Gótico.

74-75 Barcelona sembla com si tota ella convergís en el mar. Els ports i els molls, les Drassanes Reials, els pulcres i suntuosos edificis duaners, l'alta columna del descubridor d'Amèrica... Tot s'atapeeix i s'afegeix al fluir viu de la Rambla i a tota l'obra secular del Barri Gòtic.

Barcelona parece como si toda ella convergiera en el mar. Los puertos y los muelles, las Atarazanas Reales, los pulcros y suntuosos edificios aduaneros, la alta columna del descubridor de América... Todo se aprieta y añade al fluir vivo de Las Ramblas y a toda la obra secular del Barrio Gótico.

76-77 Enfront d'una Catalunya industrial i mecanitzada, n'hi ha una altra, potser exigua, que manté molts dels patrons bucòlics del passat. És la Catalunya de la masia, del llaurador i del pagès, del llogarret diminut; la que encara es manté al marge del vertigen industrial, del ritme febril e la producció competitiva.

Frente a una Cataluña industrial y mecanizada, aparece otra, quizá exigua, que mantiene un mucho de esas pautas bucólicas del pasado. Es la Cataluña de la masía, del labriego y del payés, de la aldea diminuta; la que aún se mantiene al margen del vértigo industrial, del ritmo febril de la producción competitiva.

80 Un racó més de les valls del Pirineu Lleidatà, amb el rabeig d'aigües nues copiant la vegetació tardoral.

Un rincón más de esos valles del Pirineo leridano, con su remanso de aguas desnudas copiando la vegetación otoñada.

78-79 "El Milton desconegut", anomenen en un article de la revista *Time* a Ramon Martí, l'artista d'Esplugues de Francolí que ha forjat a la seva farga la més bella ferramenta del monestir de Poblet. A l'altra imatge, un dels tradicionals focs de la nit de Sant Joan.

"El Milton desconocido", le llaman en un artículo de la revista *Time* a Ramón Martí, el artista de Esplugas de Francolí que ha forjado en sus fraguas los más bellos herrajes del monasterio de Poblet. En la otra imagen, uno de los tradicionales fuegos de la noche de San Juan.

89 Tossa de Mar, castell ancorat entre festons d'aigües i viles encalades; pedres vermelles; barris que atrapen la seva història al pas de Roma i al cru curs de l'època medieval. Més enllà, les cales daurades i les aigües anyils reben l'ultrajant honor a la bellesa.

Tossa de Mar, castillo anclado entre festones de aguas y villas encaladas; piedras bermejas; barrios que agarran su historia al paso de Roma y al cruento curso del medievo. Más allá, sus calas doradas y agua añiles reciben las ultrajantes honras a la belleza.

90-91 "La Patúm", aquest estrany folkore, de nom estrictament onomatopeic, que es representa en la festivitat de Corpus a la vila de Berga, té els seus orígens en l'essència del Bé i del Mal. Reis gegantescs, àngels i dimonis, guites com dracs malvats, dansen entre el fum i el foc, i també, a vegades, sota les més càndides mirades.

"La Patúm", este extraño folklore, de nombre estrictamente onomatopéyico, que se representa en la festividad del Corpus en la villa de Berga, hunde sus orígenes en la esencia del Bien y del Mal. Reyes gigantescos, ángeles y demonios, *guites* como dragones malvados, danzan entre el humo y el fuego, y también, a veces, bajo las más cándidas miradas.

92-93 El conjunt arquitectònic de Santes Creus, al Camp de Tarragona, es troba rodejat d'edificacions de malenconiosa bellesa, nascudes en filial i reverent tutela cap aquells murs patriarcals.

El conjunto arquitectónico de Santes Creus, en el campo de Tarragona, se encuentra rodeado de edificaciones de melancólica belleza, nacidas en filial y reverente tutela hacia aquellos muros patriarcales.

94-95   Ornament del segle XIII a la porta de la Catedral, màxima representació de l'arquitectura religiosa de Tarragona. A l'altra imatge, museu Maricel en el barri artístic de Sitges; que fou enaltit per Rusiñol, Deerins i Utrillo.

Ornamento del siglo XIII en el portal de la Catedral, máxima representación de la arquitectura religiosa de Tarragona.
En la otra imagen, museo Maricel en el barrio artístico de Sitges; el que enalteciera Rusiñol, Deering y Utrillo.

98-99   Les indústries tèxtil i pesada catalanes incideixen molt competitivament en els mercats internacionals. A les fotografies, una secció de secat de les factories de Torredemer, a Tarragona, i vista parcial de les gegantescues premses de Seat, les més grans d'Europa, a Barcelona.

Las industrias textil y pesada catalanas inciden muy competitivamente en los mercados internacionales. En las fotografías, una sección de secado de las factorías de Torredemer, en Tarragona, y vista parcial de las gigantescas prensas de Seat, las mayores de Europa, en Barcelona.

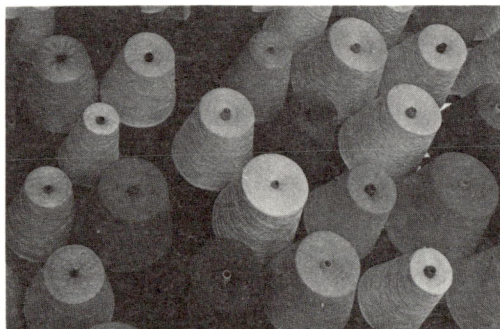

102-103   La Serra del Cadí, la vella muntanya que assenta el seu indesplaçable cos de gegant en les capritxoses rutes de l'asfalt, ha estat ja rosegada i calada per un gegantesc túnel, i les seves entranyes virginals viuen avui l'estrèpit dels motors, els llums de vapor de sodi i la pressa demencial de l'home.

La Sierra del Cadí, la vieja montaña que asienta su indesplazable cuerpo de gigante en las caprichosas rutas del asfalto, ha sido ya roída y calada por un gigantesco túnel, y sus entrañas virginales viven hoy el estrépito de los motores, las luces de vapor de sodio y la prisa demente del hombre.

100-101   La indústria tèxtil catalana, centralitzada a la província de Barcelona, i les arrels de la qual semblen fer-la gairebé consubstancial, estén avui una tentacular i poderosa xarxa de comerç internacional. A la fotografia, joc de colors en una fàbrica de Punto Blanco, a Igualada.

La industria textil catalana, centrada en la provincia de Barcelona, y que su honda raigambre parece hacerla casi consustancial, extiende hoy una tentacular y poderosa red de comercio internacional. En la fotografía, juego de colores en una fábrica de Punto Blanco, en Igualada.

96-97   Darrera del seguici acolorit dels tobogans, les planxes de *windsurf* i la promíscua humanitat que llueix la falsa morenor dels cossos, queda oblidada, en el seu món perpetu i diferent, la Sitges venerable i pescadora, la de carrers estrets empesos contra el mar.

Tras el cortejo colorista de los toboganes, las tablas de *windsurf* y la promiscua humanidad que luce el bronce falso de sus cuerpos, queda olvidada, en su mundo perpetuo y distinto, la Sitges venerable y pescadora, la de calles angostas apretadas contra el mar.

104-105   El Parc Nacional d'Aigüestortes, és el triomf de l'aigua sobre la terra en un món de muntanyes, el cant callat dels llargs silencis, de les fonts dolces que brollen de la pedra crua, de les aigües que, caigudes de cims gelats, es rabeigen, torcen, abracen i juguen en els prats a un puzzle gegant de cristall de meandres.

El Parque Nacional de Aigües Tortes, es el triunfo del agua sobre la tierra en un mundo de montañas, el canto quedo de los lagos silenciosos, de las fuentes dulces que brotan de la piedra cruda, de las aguas que, caídas de cumbres heladas, se remansan, tuercen, abrazan y juegan en los prados a un puzzle gigante de meandros de cristal.

Aspecto de la calle principal de Hostalets de Bas, en el ancho y fértil valle que se abre al sur de Olot.
A la izquierda, un rincón de la villa medieval de Pals, en la provincia de Gerona.

106-107 Enfront dels fruiters d'altres regions, el Priorat produeix els vins negres més espessos i alts de tota Catalunya. Són aquells ceps que cuallen el sol dels bancals del Montsant o s'atapeeixen entre els verals d'avellaners de les més crues quarteres. A l'altra imatge, un racó de la plaça major de Santa Pau, a la Garrotxa.

Frente a los ligeros y frutales de otras regiones, el Priorato produce los *vins negres* más espesos y altos de toda Cataluña. Son los de aquellas cepas que cuajan el sol de las terrazas del Monsant o se arrebujan entre los pagos de avellanos de las más crudas cuarteladas. En la otra imagen, un rincón de la plaza mayor de Santa Pau, en la Garrotxa.

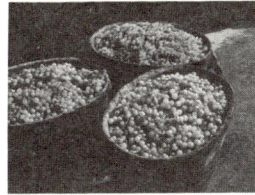

108-109 Collita del blat al Delta de l'Ebre, que progressivament va substituint el secular monocultiu de l'arròs.
Encara viu, reminiscent i senzill, el trull artesà com aquest de Torroella de Montgrí.

Cosecha de maíz en el Delta del Ebro, que progresivamente va suplantando el secular monocultivo arrocero.
Aún vive, reminiscente y sencillo, el lagar artesano, como este de Torroella de Montgrí.

110-111 Aspecte del carrer principal d'Hostalets de Bas, en l'ampla i fèrtil vall que s'obre al sud d'Olot.
A l'esquerra, un racó de la vila medieval de Pals, a la província de Girona.

112-113 Aquests pescadors d'Ampolla, prop del Delta de l'Ebre, netegen i revisen els seus tresmalls un matí més; és el seu pa de cada dia.

Estos pescadores de Ampolla, próxima al Delta del Ebro, limpian y revisan sus trasmallos una mañana más; es el pan suyo de cada día.

114-115 Bosses multicolors per al transport de musclos en una factoria pròxima al Delta de l'Ebre; i un planté hortolà de les proximitats de Viladrau, a la província de Girona, protegint-se dels últims rigors de les matinades.

Bolsas multicolores para el transporte de mejillones en una factoría próxima al Delta del Ebro; y un plantón hortelano de las proximidades de Viladrau, en la provincia de Gerona, protegiéndose de los últimos rigores de las madrugadas.

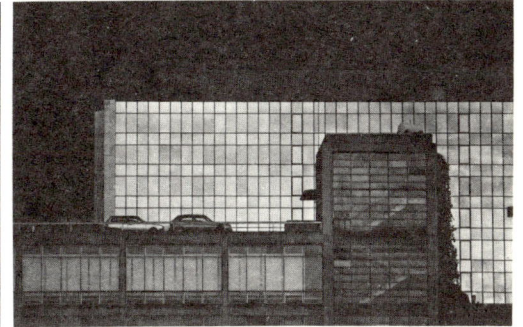

116-117 Aspecte, durant una intensa tempesta, de la casa Nestlé de Barcelona, a l'entrada d'Esplugues, on l'avinguda Diagonal emboca a l'autopista de l'Oest.

Aspecto, durante una intensa tormenta, de la casa Nestlé de Barcelona, en la entrada de Esplugas, donde la avenida Diagonal vierte a la autopista del Oeste.

118-119 A les gredes generoses de la terra de secà, sota la carícia fecunda del sol i de la pluja, s'aixeca la felpa alta dels sembrats. És el miracle anual del mil per u, el que porta el pa a la mà fatigada i llauradora.

En las gredas generosas de la tierra de secano, bajo la caricia fecunda del sol y de la lluvia, se levanta la felpa alta de las mieses. Es el milagro anual del mil por uno, el que lleva el pan a la mano fatigada y labradora.

120 A l'Alt Ripollès, encara hi viuen primitives artesanies i tradicions. Aquestes dones treballen la llana amb l'ajuda de la filosa i arcaics utensilis, veritables peces de museu, en el transcurs d'una festa popular.

En el Alto Ripollés, aún viven primitivas artesanías y tradiciones. Estas mujeres trabajan la lana con ayuda de ruecas y arcaicos utensilios, verdaderas piezas de museo, en el curso de una fiesta popular.

130-131 Dos aspectes molt diferents del Barri Gòtic barcelonès: el silenci amagat de la Plaça del Rei, al cor de la ciutat vella emmerlada per murs que segueixen tots els segles de la seva història i el toc de colors i vida nova dels artistes ambulants, harmònic en el seu extrem contrast.

Dos aspectos muy distintos del Barrio Gótico barcelonés: el silencio escondido de la Plaza del Rey, en el corazón de la ciudad vieja, almenada por muros que siguen todos los siglos de su historia, y el toque de colorido y vida nueva de los artistas ambulantes, armónico en su extremo contraste.

134-135 Les neus derretides del peu del Pirineu, grises dels torrents i tenyides pels al.luvions, sota l'elegant obra romànica del riu Llierca.
A la dreta, llacs, roques i avets en un capvespre tempestuós del Parc Nacional d'Aigüestortes.

Las nieves derretidas de las faldas del Pirineo, grises de las torrenteras y teñidas por los aluviones, bajo la elegante obra románica del río Llierca.
A la derecha, lagos, rocas y abetos en un atardecer tormentoso del Parque Nacional de Aigües Tortes.

129 El temple de la Sagrada Família no pot no ser reconegut com l'obra màxima, tot i que inacabada, de l'original arquitectura gaudiniana. Les torres etèries, exentes de feixuguesa, són expressió d'una espiritualitat que sembla adentrar el gòtic de l'antiga arquitectura religiosa en un món imaginatiu de genial fantasia.

El templo de la Sagrada Familia no puede dejar de ser reconocido como la obra máxima, aunque inconclusa, de la original arquitectura gaudiana. Sus torres etéreas, exentas de macicez, son expresiones de una espiritualidad que parece adentrar el gótico de la antigua arquitectura religiosa en un mundo imaginativo de genial fantasía.

132-133 Tota la Bonaigua, a Lleida, que dóna nom a un dels ports més durs d'Espanya, se centra entre els cims més elevats del Pirineu.

Toda la Bonaigua, en Lérida, que da nombre a uno de los puertos más duros de España, se centra entre las cimas más elevadas del Pirineo.

136-137 Quedà enrera la sega del falç, de carns suades sota el sol; el conreu amb mules i l'arada que talla gairebé amb delicadesa la corna de la terra; la sembra amb mà generosa, vessant el gra sobre la gleba oberta, la batuda inacabable sobre l'era de grava; l'esventar dels moladors aixecant en les tardes amb brisa les rampinades cap al cel... Pocs són ja aquells predis horacians als quals no arriba el fred acer de la màquina.

Quedó atrás la siega de hoces, de carnes sudadas bajo el sol; la labranza de la mula y el arado que corta casi mimosamente la corteza de la tierra; la siembra con mano generosa, derramando el grano sobre la gleba abierta; la trilla inacabable sobre la era de guijos; el aventado de las parvas, levantando en las tardes con brisa los bieldos contra el cielo... Escasos son ya esos predios horacianos a los que no llega el frío acero de la máquina.

138-139 En els capvespres, després d'a-quella tramuntana que deixa l'aire com cris-tall transparent, quan la llum tardana i taronja es fixa en les cases penjades sobre l'Onyar, i un retall de ciutat lluminosa, duplicada per les aigües, replica vivament als vells murs i passatges, es fa ostensible l'encisadora duali-tat de Girona.

En los atardeceres, tras esa tramuntana que deja aire como cristal transparente, cuando la luz tardía y naranja se clava en las casas col-gadas sobre el Oñar, y un retazo de ciudad luminosa, duplicada por las aguas, replica con viveza a los vetustos muros y pasajes, se hace ostensible la encantadora dualidad de Gerona.

142-143 El romànic lleidatà va sembrant les valls pirinenques de diminuts i foscos tem-ples que jalonen prats i boscos. A les fotogra-fies, l'església de Bosost, a la Vall d'Aran, i la de Coll de Tor, a la de Boí.

El románico leridano va sembrando los valles pirenaicos de diminutos y oscuros templos que jalonan prados y bosques. En las fotos, la iglesia de Bosost, en el valle de Arán; y la de Coll de Tor, en el de Bohí.

146-147 Sant Pere de Galligants, del se-gle XII, una joia gironina del romànic català. A la dreta el castell de Lloret de Mar, en plena Costa Brava.

San Pedro de Galligants, del siglo XII, una jo-ya gerundense del románico catalán. A su de-recha, el castillo de Lloret de Mar, en plena Costa Brava.

144-145 De la mateixa manera que l'hi-vern ronseja als boscos baixos i l'arbreda ca-ducifòlia es resisteix a deixar anar el càlid fo-llatge de colors pastel, els vessants més alts reben nevades fins ben entrat el mes de maig, quan ja els brots tendres apunten una nova primavera.

Igual que el invierno remolonea en los bos-ques bajos y la arboleda caducifolia se resiste a soltar su cálido follaje apastelado, las lade-ras más altas reciben nevadas hasta muy avanzado mayo, cuando ya los brotes tiernos apuntan una nueva primavera.

148-149 Poca cosa queda del Cadaqués humà, d'aquell que amoixava vinyes als ban-cals i extreia d'oliveres raquítiques un dels millors olis d'Espanya. Però davant de la mà que avui malment el passat, aquesta badia temperada, d'aigües llises i capvespres ro-gencs, continua amb la seva rada de velers, el feix de barques que cobreixen la riba i l'em-bull blanc de cases porticades.

Poco queda del Cadaqués humano, de aquel que mimaba vides en los bancales y extraía de olivos raquíticos uno de los mejores acei-tes de España. Pero frente a la mano que hoy maltrata al pasado, esta bahía templada, de aguas tersas y atardeceres granates, sigue con su rada tranquila de veleros, su hato de botes cubriendo la concha de su orilla y su re-bujo blanco de casas porticadas.

140-141 Dos racons d'un taller d'imatge-ria religiosa a Olot. La tradició de la seva deli-cada artesania continua entronant imatges religioses als altars de tot el món cristià.

Dos rincones de un taller de imaginería reli-giosa en Olot. La tradición de su delicada ar-tesanía sigue entronizando imágenes religio-sas en los altares de todo el mundo cristiano.

150-151   Els pescadors semblen vagabunds del mar, ànimes lliures i bohèmies que necessiten agafar amb les mans l'aventura viva de cada dia. Viuen com forans a la terra, somiant les atzaroses promeses del mar.

Los pescadores parecen vagabundos del mar, almas libres y bohemias necesitadas de asir con sus manos la aventura viva de cada día. Viven como ajenos a la tierra, soñando las azarosas promesas del mar.

154-155   Ball típic del Ripollès, als peus de l'Ajuntament i del monestir de Santa Maria de Ripoll, durant la festa major de Sant Eudald. A la dreta, racó del barri antic de Sitges, a la província de Barcelona.

Baile típico del Ripollés, a los pies del Ayuntamiento y del monasterio de Santa María de Ripoll, durante la Fiesta Mayor de San Eudald. A la derecha, rincón del barrio antiguo de Sitges, en la provincia de Barcelona.

158-159   A vegades, el poblet perdut, la ciutat petita que s'adorm gairebé despoblada, apareix a la Catalunya puixant com si es tractés de l'auster solar castellà.
Un racó de la vila feudal de Santa Pau, a Girona, i cases de Viu de Llevata, ja pròximes a Pont de Suert.

A veces, la aldea perdida, la ciudad pequeña que se duerme casi despoblada, aparece en la Cataluña briosa como si se tratara del austero solar castellano.
Un rincón de la villa feudal de Santa Pau, en Gerona, y casas de Viu de Llevata, ya próximas a Pont de Suert.

156-157   Sobre la paret basàltica, estriada, de columnes prismàtiques grises i llustrades, hi apunta, al plom de la pedra, tota la creació humana: casetes baixes, fosques, de teulades amb ravenissa i finestretes on potser hi cap un test de geranis. És Castellfollit de la Roca, a la comarca de la Garrotxa.

Sobre la pared basáltica, estriada, de columnas prismáticas grises y bruñidas, se asoma, al plomo de la piedra, toda la creación humana: casitas bajas, oscuras, de tejados con jaramagos y ventanucas donde acaso cabe un tiesto de geranios. Es Castellfollit de la Roca, en la comarca de Olot.

152-153   Sempre precedit del llarg pont romànic del segle XI, que enganya en una de les seves ruptures les aigües del Fluvià, apareix Besalú, al cor de la Garrotxa, amb autèntiques quarteres romàniques i atapeïts barris medievals.

Siempre precedido de su largo puente románico del siglo XI, que burla en uno de sus quiebros las aguas del Fluviá, aparece Besalú, en el corazón de la Garrotxa, con puras cuarteladas románicas y prietos barrios medievales.

160   Tot i que gran part de la seva obra es troba repartida per les més àvides pinacoteques del món, el Museu Dalí de Figueres, la seva ciutat nadiua, com a seu de moltes de les seves valuoses creacions i actual llar del pintor, és el món dalinià per antonomàsia, el paradigma universal del seu oníric misticisme.

Aunque gran parte de su obra se encuentra repartida por las más ávidas pinacotecas del mundo, el Museo Dalí de Figueras, su ciudad natal, como sede de muchas de sus valiosas creaciones y actual hogar del pintor, es el mundo daliniano por antonomasia, el paradigma universal de su onírico misticismo.

169 Sota el Pirineu, on la duresa orogràfica no sembla permetre més que cims drets o vessants que se suïciden en profunds cims, apareix la suavitat i la bonansa de les terres i de les aigües. Aspecte de l'embassament de Llesp, al nord de Lleida.

Bajo el Pirineo, donde la dureza orográfica no parece permitir más que cumbres enhiestas o laderas que se suicidan en profundas cimas, aparece la suavidad y la bonanza de las tierras y de las aguas. Aspecto del embalse de Llesp, en el norte de Lérida.

170-171 Dominant una immensa marina el monestir de Sant Pere de Rodes, del segle IX, apareix inversemblantment aixecat sobre les fortes pendents que acompanyen el Cap de Creus. A la dreta, església romànica d'Erill la Vall, a la Vall de Boí.

Dominando una inmensa marina, el monasterio de S. Pedro de Rodas, del siglo IX, aparece inverosímilmente levantado sobre los fuertes escarpes que acompañan al Cabo de Creus. A la derecha, iglesia románica de Erill la Vall, en el Valle de Bohí.

172-173 Dominant la ciutat i les planes que drenen el Ter i l'Onyar hi ha el conjunt

arquitectònic de la Catedral de Girona. La conjunció d'estils no treu ni harmonia ni valors estètics a cadascuna de les seves fraccions; és només la conseqüència obligada d'aquestes obres gegantesques aixecades al llarg de moltes generacions i diversos corrents culturals.

Dominando la ciudad y esas llanadas que avenan el Ter y el Oñar, queda emplazado el conjunto arquitectónico de la Catedral de Gerona. La conjunción de estilos ni desarmoniza ni resta valores estéticos a cada una de sus fracciones; es sólo la consecuencia obligada de estas obras gigantescas levantadas a lo largo de muchas generaciones y distintas corrientes culturales.

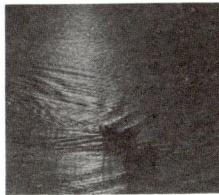

174-175 El color viu de les barques de pesca sempre sorprèn davant de l'immaculat dels iots i embarcacions esportives. És com si aquelles volguessin vestir de lluminosos colors el gris diari del treball. A les fotografies, racó del port de Cambrils i vista aèria sobre el golf de Roses.

El color vivo de los barcos pesqueros siempre sorprende frente al inmaculado de los yates y embarcaciones deportivas. Es como si aquéllos quisieran vestir de luminosos colores el gris diario de su trabajo. En las fotografías, rincón del puerto de Cambrils y vista aérea sobre el golfo de Rosas.

176-177 Xarxes, xarxes noves de color corinti, xarxes velles de malles destenyides...; xarxes blaves, celest i turqueses, amb el color del mar on deriven, amb l'accent fatal de trampa marina.

Redes; redes nuevas de color corinto; redes viejas de mallas desteñidas...; redes azules, celestes y turquesas, con el color del mar donde se abaten, con su acento fatal de trampa marina.

178-179 Una vila marinera: Ametlla. Durant el dia cossos cansats de barques de pesca cobreixen de ferro i fusta les aigües de la rada. Quan cau la tarda, arriben els arrossegadors de xarxes blaves amb els ventres plens de carn viva, de fruit tendre i oceànic.

Una villa marinera: Ametlla. Durante el día, cuerpos cansados de barcos pescadores cubren de hierro y madera las aguas de la rada. Al terciar la tarde llegan los arrastreros de redes azules con sus vientres repletos de carne viva, de fruto tierno y oceánico.

180-181 Espigó màxim de la costa gironina, separada de terra francesa pel golf de la Selva, el Cap de Creus endinsa el seu morro de roques escoriades en l'extrem nord-oriental de l'àmplia Ibèria. A la imatge de l'esquerra, el Noguera Pallaresa irrompent amb les aigües i al.luvions per el canyó de Collegats.

Espigón máximo de la costa gerundense, ya apenas separada de tierra francesa por el golfo de la Selva, el Cabo de Creus avanza su morro de rocas escoriadas en el extremo nororiental de la amplia Iberia. En la imagen de la izquierda, el Noguera Pallaresa irrumpiendo con sus aguas y aluviones por el cañón de Collegats.

182-183 La vila de Santa Pau, a pocs qui-
lòmetres d'Olt, emmarcada en boscos i terres
rogenques, és una autèntica urbs medieval
que pertanyé com a feu a l'antiquíssima baro-
nia catalana de Santa Pau, destacada des del
segle XII en les gestes històriques de la Re-
conquesta.

La villa de Santa Pau, a pocos kilómetros de
Olot, enmarcada en bosques y tierras rojizas,
es una pura urbe medieval que perteneció
como feudo a la antiquísima baronía catalana
de Santa Pau, destacada desde el siglo XII en
las gestas históricas de la Reconquista.

186-187 Vista nocturna del Castell de Pere-
lada, a l'Empordà: pedres del segle XIV folra-
des d'enfiladisses i rodejades de llacs amb
cignes. A l'esquerra, la Font i el Palau de Mont-
juïc, en una d'aquelles nits en què brollen a
l'aire les aigües i els llums més bells del
món.

Vista nocturna del Castillo de Perelada, en el
Ampurdán: piedras del siglo XIV forradas de
enredaderas y rodeadas de lagos con cisnes.
A la izquierda, la fontana y el palacio de Mont-
juich, en una de esas noches que brotan al aire
las aguas y las luces más bellas del mundo.

190-191 Quan ja ben avall del Port de la
Bonaigua, en un revolt més de la demencial
carretera, veiem suavitzar-se les terres, i so-
bre les teulades de foc d'un grup de casetes
s'obre una vall ampla de boscos i conreus,
hem arribat a una geografia molt diferent: a
l'idíl.lic racó d'Esterri d'Aneu.

Cuando ya muy abajo del puerto de la Bonai-
gua, en una revuelta más de la demente ca-
rretera, vemos suavizarse las tierras y, sobre
los tejados de lumbre de un grupo de casitas
se abre un valle ancho de bosques y cultivos,
hemos llegado a una muy distinta geografía;
al idílico remanso de Esterri d'Aneu.

184-185 Grup de Cavallers en el transcurs
d'una antiquíssima dansa de clars orígens
medievals, a Sant Feliu de Pallerols, a la pro-
víncia de Girona. A la dreta, els Diables de
Barcelona, en una de les seves "infernals" i
cridaneres representacions.

Grupo de *Cavallers* en el transcurso de una
antiquísima danza de claros orígenes medie-
vales, en San Feliú de Pallerols, en la provin-
cia de Gerona. A la derecha, *els Diables*, de
Barcelona, en una de sus "infernales" y lla-
mativas representaciones.

188-189 Amb les pluges primaverals la te-
rra fructifica maternal i generosa, tapissant
amb flors de maig fins i tot els més crus gua-
rets. A vegades fins i tot desgranant, en atzar
màxim, les barres dels colors patris.

Con las lluvias primaverales la tierra fructifica
maternal y generosa, tapizando con flores de
mayo hasta los más crudos barbechales. A
veces hasta desgranando, en azar máximo,
las barras de los colores patrios.

192 La sardana, amb la precisió matemàti-
ca dels seus passos milimètrics, el pautat mo-
viment i la delicada cadència, té tant d'aque-
lles palatines i cortesanes dances del segle
XVII com d'exquisita i melòdica en les ac-
tuals execucions populars.

La sardana, con la precisión matemática de
sus pasos milimétricos, el pautado movi-
miento y la delicada cadencia, posee tanto de
aquellas palatinas y cortesanas danzas del si-
glo XVII como de exquisita y melódica en sus
actuales ejecuciones populares.

En Madrid,
el martes día 24 de septiembre de 1985,
festividad de
Nuestra Señora de la Merced,
terminóse de imprimir
este libro
en los talleres de
Industrias Gráficas Alvi.